深圳市盐田区项目式学习成果系列

基于 3SE 模型的
幼儿园 STEM 教育探索

陈尚宝　　主编

广西师范大学出版社
·桂林·

图书在版编目（CIP）数据

基于3SE模型的幼儿园STEM教育探索／陈尚宝主编.—桂林：广西师范大学出版社，2023.12

（深圳市盐田区项目式学习成果系列）

ISBN 978－7－5598－6424－6

Ⅰ．①基… Ⅱ．①陈… Ⅲ．①学前教育－教育研究 Ⅳ．①G61

中国国家版本馆CIP数据核字（2023）第187977号

基于3SE模型的幼儿园STEM教育探索

JIYU 3SE MOXING DE YOUERYUAN STEM JIAOYU TANSUO

出 品 人：刘广汉
责任编辑：刘孝霞
助理编辑：茹婧羽
装帧设计：王鸣豪　侠舒玉晗

广西师范大学出版社出版发行

广西桂林市五里店路9号　　　　邮政编码：541004
网址：http://www.bbtpress.com

出版人：黄轩庄

全国新华书店经销

销售热线：021－65200318　021－31260822－898

山东韵杰文化科技有限公司印刷

（山东省淄博市桓台县桓台大道西首　邮政编码：256401）

开本：690 mm×960 mm　　1/16
印张：22.5　　　　字数：326千
2023年12月第1版　　2023年12月第1次印刷
定价：78.00元

本书编委会

主　编　陈尚宝

副主编　邱志华　姚毅锋　辛海洋

编　委（以姓氏笔画为序）

万丽珊　李　信　李　倩　伍淑芬　何　波

张浪月　张瑞华　赵国平　侯洁琳　黄　敏

焦　扬

本成果来自以下基金项目

深圳市教育科研专家工作专项课题《素养导向的项目式学习案例开发与评价研究》（课题编号：KYZJ4P020）

广东省 2022 年度中小学教师教育科研能力提升计划重点项目《基于项目式学习促进幼小高质量衔接的策略研究》（课题编号：2022ZQJK019）

序　言

　　构建德智体美劳全面培养的教育体系是我国教育一直以来的努力方向。学前教育是高质量教育体系的重要组成部分，加强学前教育、提升保教质量是加强教育强国建设的必然要求。近几年，各地各园按照《"十四五"学前教育发展提升行动计划》（教基〔2021〕8号）相关要求，积极探索幼儿保教方式方法，努力"促进幼儿在快乐的童年生活中获得有益身心的学习和发展经验"，取得了明显的进展和成效。在这些成果中，深圳市盐田区开展的基于STEM理念的项目式学习令人眼前一亮、印象深刻。

　　深圳市盐田区以教育部重点课题"基于STEM教育理念的跨学科学习模式区域实践研究"为依托，组织全区中小学幼儿园进行基于STEM理念的项目式学习，在课程构建、模式研发、课例开发、项目实施等方面形成了丰富的成果。在项目式学习中，教师将学生的学习任务项目化，指导学生基于真实情境提出问题，并利用相关知识与信息资料开展研究、设计和实践操作，最终解决问题并展示和分享项目成果。在盐田区项目式学习推动过程中，课题组在为中小学开发的3SE模式（包括情景引入、职业体验、科学探究、工程设计、汇报展示、反思评价六个课程流程基本要素）基础上，为幼儿园设计了更具针对性、可操作性的"大项目，小活动"项目式学习模式，将科学探究和工程设计两个环节合并为探究制作，并根据幼儿园五大领域学习目标，再将活动细分为实验类活动、工程类活动、人文类活动，以提出问题、剖析问题、解决问题为脉络，分别设置三个活动流程，确保在学习结构上能够使学生在获得知识内容、发展分析与批判性思维及问题解决技能之间取得平衡。

为了与同行交流研讨，课题负责人陈尚宝与课题组的老师们一起努力，对理论思考所得进行系统提炼，对实践探索所做进行全面梳理，完成了本册图书。这本书向我们展示了幼儿园项目式学习让幼儿拥有真实问题解决经历的创新做法，也呈现了深圳市盐田区学前教育基于 STEM 理念开展项目式学习的丰硕成果。

具体来说，有以下几个突出的亮点。

亮点一，问题真实性。项目式学习的目标之一就是让学生热情而有创意地生活，希望学生不仅是学科知识的复制者，而是具有灵动生命的生活者。所以在此书中，我们发现盐田区学前项目式学习案例的一个非常突出的特点，就是所选择的项目驱动问题都来自本土化的情境，主题的选择有层次性、渐进性，从孩子的现实生活出发，抓住生活中的问题，是源于真实世界、真实情境和真实问题的学习。这样的项目式学习真正促进了幼儿全面发展、主动发展、创造性发展、增值性发展，也促进了新课程形态的发展。在这些丰富的项目式学习案例中，我们还看到了幼儿对世界的初心和好奇心，所有的案例都非常有意思，有意义，对生活和世界提出了具有建设性的建议。通过案例，我们看到盐田区学前教育探索了一条有效的基于 STEM 理念的项目式学习路径。

亮点二，学习立体性。我们看到，每一个案例的学习过程都体现了"多方资源协同、多元方式融合、多种形式呈现"的特点。教师在结构、设备和获取材料方面给幼儿提供灵活的空间，幼儿的学习空间得到无边界的延展，更好地激发了幼儿的创造力、协作学习、共同发现和实验学习的能力。幼儿感受到学科知识与现实世界和他们日常生活之间的联系，从而更热情、更自由、更富有创造性地投入到对世界的探索中。

亮点三，幼儿主导性。幼儿是天生的学习者和探究者，对周围的事物具有强烈的好奇心。我们看到，盐田区的项目式学习案例很好地顺应了幼儿的这种天性，孩子的表达权、选择权、决策权得到了尊重，孩子的自身需要得到了满足。他们不仅可以提出自己的解决方案，产生具有更多可能性的答案，抽象的学习也变得"可见"，更加符合幼儿"做中学"的科学探究特点。项目式学习的最终目标指向人的核心素养，而素养蕴含着对学习、学会学习的新的理解。在盐田区学前项目式学习的案例中，幼儿在真实的情境中学习，这个情境既有幼儿熟悉的生活环境，也有以此延伸出去的面向世界和未来的环境，幼儿有机会通过项目式学习对一件事产生新的理解和新的想法，对一次经验、行动、事件做出新颖的、有意义的诠释，这就是创造性的产生。这个学习过程对幼儿的责任感、任务意识甚至是价值观都会产生深远的影响。

亮点四，实践专业性。STEM 教育的重要性和价值已经使其成为教育改革和经济发展的主要部分，成为"今天的创新，明天的成功"。STEM 是科学、技术、工程和数学的英文单词首字母的缩写，但它已经超越其首字母缩写所蕴含的内容，远不止于科学、技术、工程和数学。STEM 教育是关于学生参与的学习，是基于项目的学习，它运用科学探究过程和工程设计过程，是跨学科的，是关于积极学习的，是关于合作与团队工作的，是关于解决实际问题的。它连接抽象知识与学生的生活，并让学生在应用所学到的知识来应对重大挑战时，创造、设计、建构、发现、合作并解决问题。在这本书丰富的案例中，我们可以看到各项目的设计和实施均依循不同专业领域的思维方式、认知方法、工作流程、设备工具以及相关规范要求等，师生以个人或小组为单位搜集材料、提取信息、处理信息、合作研究、探索解决问题，不断发现解决办法、生成解决方案、迭代优化方案，在解决问题的过程中学习相关专业知识和技能，了解不同行业的专业特点，发展综合素养。

见微知著，盐田区通过基于 3SE 模型的 STEM 教育项目式学习，形成了一批深入实施素养目标和跨学科课程的教育教学经典案例，特别是本书专门针对学前开发的项目式学习模型和案例，为其他区域开展学前项目式学习提供了丰富翔实的借鉴和启发。《教育部　国家发展改革委　财政部关于实施新时代基础教育扩优提质行动计划的意见》（教基〔2023〕4 号）明确提出"深化幼儿园教育改革，坚持问题导向，改进保育教育实践，促进高质量师幼互动，引导带动每所幼儿园不断提高保育教育质量"。我们希望盐田区继续深化研究，不断取得新的成果，也更愿意看到其他地区、幼儿园积极开展教育教学探索，共同推动学前教育高质量发展。

教育部课程教材研究所　李正福

2023 年 9 月 19 日

目　录

第一部分　理论与实施思路

第一章　幼儿园 STEM 教育理论

第一节　STEM 教育和幼儿园 STEM 教育的内涵

历史上，分科教育培养出了不少专门人才，促进了社会的发展。但是随着社会的发展，人们遇到的问题越来越复杂，凭借单一学科的知识再也无法解决现实生活中的复杂问题，这就需要综合学科教育。STEM（Science、Technology、Engineering、Mathematics）教育是融合了科学、技术、工程和数学学科的综合教学，对于创新人才的培养起到了重要作用。STEM 教育提倡跨学科整合教育，并不只是四门学科的简单叠加，而是有机融合成一个整体，以真实问题作为任务驱动，使学生在实践中获得和运用知识经验，培养学生的问题解决能力、批判性思维、创新思维。

21 世纪是知识与经济全球化的时代，科技创新越来越受到重视，科技与工程类人才的需求与日俱增，各国为了应对竞争压力，纷纷进行基础教育改革。1986 年，美国发起的 STEM 教育在全世界形成了广泛的关注与影响。[①]但由于 STEM 教育在各国产生的背景不同，其进行 STEM 教育改革的目标取向和措施也存在差异。2004 年英国政府发布《2004—2014 科学和创新投资框架》，规划了 STEM 教育的长期战略目标。在德国，STEM 教育由于语言关系

---

① 赵中建选编：《美国 STEM 教育政策进展》，上海：上海科技教育出版社，2015 年。

被缩写为 MINT 教育，提倡 MINT 教育与职业教育相结合。2013 年澳大利亚政府在"一个更好的澳大利亚"战略中确立科学、技术、工程、数学在教育系统、知识传播、科技创新、国际影响力等方面的基础性作用。① 可以看出，作为提升国民素质的重要途径，STEM 教育受到各个国家的重视。

美国国家科学基金会（NSF）对 STEM 的定义极广，不但包括数学、工程、自然科学以及计算机技术，还集成了政治、经济、社会、行为心理学等多种学科。② 有些学者还提出，环境、农业、生命科学等也属于 STEM 的范畴。STEM 教育在世界范围内迅速发展，对于 STEM 教育的研究不断深入，形成了较为完整的理论体系，也使得 STEM 教育被赋予了更丰富的内涵。2017 年教育部在印发的《义务教育小学科学课程标准》中，特别把 STEM 教育列为新课标标准的重要内容之一。③ STEM 课程在全球的推广，能让我们对过去的教育改革进行回顾与审视，为今后的改革开辟新的路径。

幼儿园 STEM 教育同样有着重要的意义。《3—6 岁儿童学习与发展指南》（以下简称《指南》）中强调学前阶段的科学领域教育是科学启蒙教育，幼儿科学领域的学习要求是激发幼儿的探究欲望和探索兴趣，强调通过自主探究，逐渐掌握探索的方法，提升探究水平与问题解决能力，其中探究和解决问题这一核心价值尤为重要。④ 可见，STEM 教育和幼儿园科学领域教育都强调让学习者通过亲身体验与探究，提升解决问题的能力。研究表明，早期的STEM 教育对幼儿的大脑发育、行为发展等方面均能产生积极的作用。美国国家科学教师协会（NSTA）强调，早期科学学习和工程实践可以培养儿童在探索周围世界时的好奇心和乐趣，并为 K‑12 环境中的科学学习进程奠定基础。国内研究者认为早期 STEM 教育强调促进幼儿主动探究，鼓励幼儿运用

① 首新、胡卫平：《为了一个更好的澳大利亚——澳大利亚中小学 STEM 教育项目评述》，《外国教育研究》2017 年 10 期。

② Breiner，J. M，Harkness，S. S，Johnson. C. C，etal. "What is STEM? A Discussion About Conceptions of STEM in Education and Partnerships"，*School Science and Mathematics*，2012（112）：3‑11.

③ 王素：《〈2017 年中国 STEM 教育白皮书〉解读》，《现代教育》2017 年 07 期。

④ 教育部：《3—6 岁儿童学习与发展指南》，北京：首都师范大学出版社，2012 年。

所学知识创造性地解决问题，以此增强幼儿的学习兴趣和内驱力，是培养幼儿学习品质的良好途径。①

我国幼儿园阶段的 STEM 教育近年刚刚兴起，处于探索阶段。有研究显示，我国 STEM 教育高频被引文献主要是关于创客和创客教育以及 3D 打印两个主题方面的研究，缺乏本土化的实证研究。② 许多幼儿园尝试将 STEM 教育理念融入幼儿园教育中，幼儿园也开始出现多样态多途径的 STEM 教育实践探索。幼儿园的 STEM 教育比较重要的一点是为幼儿的科学、技术、工程和数学的整合学习提供支持。

第二节　幼儿园 STEM 教育的特征

《中国 STEM 教育白皮书》中明确指出，STEM 教育具有跨学科、趣味性、体验性、情境性、协作性、设计性、艺术性、实证性、技术增强性等九个特征。幼儿园 STEM 教育还应结合幼儿的年龄特点，有选择、有计划地开展，并使自身区别于中小学的 STEM 教育。

一、学习发生在一日生活中

在课时安排方面，与中小学不同，幼儿的学习发生在身处幼儿园的每时每刻。除专门的学习时间外，教师还需要将 STEM 教育融入幼儿的生活，关注隐性课程。教学重点体现在上午的晨间活动、团体讨论、集体或分组活动、区域自选活动、餐前讨论；下午的集体或分组活动、区域自选活动、放学前回顾分享等环节。

晨间活动：指幼儿来园后自由地与环境、材料、同伴、教师接触，通过对已有知识经验的讨论回顾及对未来活动的预期，帮助幼儿产生新灵感，制订新活动的计划。

---

① 陈大琴：《在早期 STEM 教育中注重幼儿学习品质的培养》，《学前教育研究》2018 年 08 期。

② 马永双、蔡敏：《中美 STEM 教育研究的文献计量学分析》，《比较教育研究》2018 年 02 期。

团体讨论：老师和幼儿讨论提出有关项目式学习的话题，团队成员发表自己的见解，提出自己的意见，要为团队中的每一个成员提供思考、表达的机会，以帮助幼儿确定自己的学习计划。

集体或分组活动：教师对项目式学习中的预定目标、幼儿的学习进度及幼儿的兴趣点进行综合考虑，提炼出项目教学中幼儿需要学习的关键知识经验，以教师为主导、幼儿为主体的形式，进行集体或者小组的学习，此环节知识点要求有价值，形式要求以幼儿体验、操作、团队合作为主。

教育教学活动：在教育教学活动时间，教师与幼儿共同讨论今日需要准备的问题，幼儿自选材料，自由选择同伴解决问题。教师将项目式学习中的知识点、集体或小组活动中的新知识、幼儿需要反复操作体验的实验等制作成工作盘，幼儿可以按自己意愿进行自由选择，反复操作，对知识进行理解和内化吸收。此环节要求将知识点融入操作材料，并适当提供指引和错误订正，使幼儿可以脱离教师的指导和控制，自己进行学习。

餐前讨论分享：教师可以收集上午各活动中幼儿的作品、幼儿活动时典型行为的照片与幼儿分享，也可请幼儿在集体面前进行表达，重点关注几个问题：遇到了什么困难，如何解决的？有哪些新发现和新成就？得到了谁的帮助？怎样和同伴协作完成任务的？通过这个环节，全体幼儿共享经验，为大家提供灵感和进一步探究的思路。放学前的讨论，有助于制订幼儿第二天学习的目标和计划。

二、活动目标以幼儿为中心

由于幼儿年龄较小，大脑尚未发育完全，在逻辑思维能力、认知能力、理解能力等方面处于早期发展的阶段，因此选择合适的 STEM 活动教育目标尤为重要，既要满足幼儿学习发展的需要，又要符合幼儿的年龄特点。《指南》明确指出，教师要理解幼儿的学习方式和特点，因此幼儿园在设计和实施 STEM 活动过程中必须以幼儿为中心，引导幼儿在活动中主动建构知识体系，鼓励幼儿通过主动探究获得知识，习得能力。

教学目标的设计直接影响教学活动实施的效果，因此，在制订 STEM 教育活动目标前，教师应深入学习《指南》，了解每个年龄段幼儿的特点，创造适合幼儿的最近发展区，深入了解每一位幼儿，最大限度调动幼儿参与教学活动的主观能动性。同时，教师应充分考虑幼儿的具体发展情况，制订符合 STEM 教育特点的综合性、整体性的教学目标，并从每一个环节着手，保障目标设计的准确性，为教学活动目标的高质量达成创造良好的条件。

三、活动内容来源于幼儿的生活

选择幼儿园 STEM 活动内容比较重要的原则之一就是内容要来源于幼儿的生活，只有贴近生活，在活动时才能调动幼儿原有的知识经验。虽然网络资源丰富，但是网络内容是不能替代生活中的直接感知的。

根据不同年龄幼儿的特点，选择他们在生活中感兴趣的 STEM 教育内容，是 STEM 活动开展的必要保证。如小班幼儿，年龄小，能力发展处于初级阶段，喜欢单独进行操作；中班幼儿，愿意合作互动，对一些色彩性较强的游戏更敏感；大班幼儿，对班级活动有更强烈的参与热情，喜欢复杂、有对抗性的游戏活动。

教师在组织 STEM 活动时需要一定的器材、材料支持，因此，教师在设计 STEM 活动时，需要对相关条件做出可实施性判断，并对活动的材料进行必要的准备，这样才能确定活动内容、选择活动方案。与此同时，教师在选择 STEM 活动内容时，还要把握 STEM 教育的特点，确保活动科学、有效、顺利进行。

四、活动过程要尊重幼儿身心发展规律

《指南》中在科学领域提到，"幼儿的思维特点是以具体形象思维为主，应注重引导幼儿通过直接感知、亲身体验和实际操作进行科学学习"[1]。基于此，教师在开展 STEM 教育活动时，要站在幼儿的视角，提供让幼儿直接感知、亲身体验和实际操作的条件和机会，让幼儿在活动的过程中，感知世界，尝试实现经验迁移，解决问题。

盐田区基于幼儿年龄特点开展的幼儿园实践，建构出适合幼儿的活动

---

[1]　李季湄、冯晓霞：《〈3—6 岁儿童学习与发展指南〉解读》，北京：北京人民教育出版社，2013 年。

3SE（情景引入［Scenario］、职业体验［Experience］、科学探究［Science］、工程制作［Engineering］、汇报展示［Showcase］、评价反思［Evduation］）流程，让其符合具有幼儿园特色的多层次学习框架，将大项目分解成若干有逻辑关系的小活动，不但使学习内容与幼儿的生活经验更加贴近，更能让幼儿通过直接感知、动手操作、实验探究来学习。充分利用幼儿园"一日生活皆课程"的优势，将学习和游戏结合起来，不断建构幼儿的知识系统，激发幼儿的学习兴趣，为幼儿终身学习奠定良好的基础。

五、活动评价要以促进幼儿全面发展为目的

应鼓励幼儿参与活动评价。STEM 活动的主体是幼儿，教师要给予幼儿充分的机会参与活动评价。主要的途径有：幼儿自评，如梳理操作流程单、幼儿对自己的作品进行评价等；幼儿互评，如小组分享、集体分享等。教师要摒弃教师主体的思想，将活动评价的权力交还幼儿。

教师应进行反思性评价。教师既是游戏的参与者，更是游戏的观察者。教师的观察可以有多种形式，如活动记录、视频、图片等。教师需要反思活动是否达成相应目标，是否处于幼儿最近发展区，能否满足幼儿身心发展的需要等。

第三节　幼儿园 STEM 教育的原则

跨学科性是 STEM 教育最大的特点，幼儿园实施 STEM 教育的首要原则是综合性。除去科学、技术、工程和数学外，有时还会加上艺术（Art），强调多学科的交叉融合，但其真正含义已经超过首字母缩写所包含的内容。STEM 提出打破各领域、各学科的界限，提倡知识的整合与连接。[①] 面对生活真实问题，以解决真实问题为目标，是 STEM 教育的又一大特点，即真实性原则。在进行课程设计时，师生选定现实生活中待解决的问题加以探究，其目的在于解决目标问题。游戏就是幼儿的生活，因此对幼儿而言，目标问题可以是生活中或游戏中所遇到的各种问题。幼儿园 STEM 教育遵循反复性原

---

① 朱青云：《STEM 课堂中有效失败的实证研究》，上海师范大学 2019 年硕士学位论文。

则，活动往往以项目活动的形式开展，并且需要不断地调整，无限靠近需求，允许学习者失败、反复改进。幼儿园 STEM 教育的学习者中心原则，强调以学生为主体，比起传统课堂，更加关注学习者作为独立个体的身份，学习内容更加体现学习者的个人意义。幼儿园 STEM 教育的合作原则，要求 STEM 教育更加关注学习者作为团体中一员的身份，即不少学者提到的 STEM 活动的协作交流、团队合作、沟通能力等特点。团队合作可以集合更多人的智慧和创造力，提高工程、流程的效率。

侯杰、刘洁认为幼儿园 STEAM 教育应遵循因地制宜的原则，优化园本管理，根据园地因地制宜，调整场地布局和材料供给，同时利用家长资源参与幼儿互动。① 邹月明提出 STEAM 教育的原则包括明确目标，整合学科；激励动手获得体验，在真实的问题中自主探索；既要因材施教也要关注全体等。② 余胜泉等人认为，STEM 教育的核心特征是：跨学科、情境性、实证性、趣味性、设计性、协作性、技术性等，这也是实施 STEM 教育的原则。他们指出 STEM 课程的设计应采取跨学科整合的方式，将科学、技术、工程和数学等整合在一起，强调关注学科间的密切联系，强调综合运用知识解决真实世界中的问题。③

李扬认为基于 STEM 教育视野的科学课程构建的原则主要为：（1）综合性。将要解决的核心问题或项目产品整合到 STEM 教育目标中，使学生学习到的知识和技能能够得到迁移与运用；（2）真实性。要与学生的生活实际相关；（3）循环性。一切服务都要围绕解决问题和项目产品来进行。④ 王雪梅在对 STEM 课程进行设计时提出以下几个原则：（1）面向全体学生；（2）符合学生身心发展特点；（3）体现跨学科特征。⑤ 董利认为在设计基于 STEM 教

① 侯杰、刘洁：《STEAM 理念下的游戏课程初探》，《山东教育》2018 年 01 期。

② 邹月明：《基于 STEAM 教育理念的幼儿活动组织策略探索》，《宁波教育学院报》2018年 06 期。

③ 余胜泉、胡翔：《STEM 教育理念与跨学科整合模式》，《开放教育研究》2015 年 04 期。

④ 李扬：《STEM 教育视野下的科学课程构建》，浙江师范大学 2014 年硕士学位论文。

⑤ 王雪梅：《小学 STEM 课程的设计与案例开发研究》，重庆师范大学 2017 年硕士学位论文。

育的课程时要注意以下几个原则：探究性原则、生活化原则、融合性原则、基础性原则、时代性原则、有效性原则、实践性原则。① 王妍认为 STEM 课程设计要遵循以下原则：每个单元要有一个统一的主题、单元之间相互独立、为课程提供脚手架、在活动中使用简单易得的材料、课程面向全体学生。②

第四节　幼儿园 STEM 教育的必要性

为什么 STEM 教育要从学前教育阶段开始？除了幼儿具有学习 STEM 的能力，具有相关的认知基础外，还因为 STEM 教育在幼儿园阶段对幼儿未来的发展具有重要的作用。

首先，教育具有滞后性。学前教育是基础教育中的基础，幼儿阶段的 STEM 教育也许不能及时在幼儿身上观察到结果，但最终都会在高年级时表现出来。幼儿是未来社会发展的推动者和促进者，作为新时代的接班人，需要具备 STEM 知识和能力。形成 STEM 素养还能让个人拥有一份满意的职业，找到价值感和归属感。其次，学者们认为 STEM 教育的开展还能够锻炼幼儿动手动脑以及人际交往等多方面的能力，帮助幼儿适应时代和社会的挑战。幼儿良好的社会生存力、无障碍沟通交流能力和问题处理能力的发展可以通过 STEM 教育活动的开展来实现。③ Bybee 认为 STEM 教育的内容包含陈述性知识和程序性知识，一方面教会幼儿处理个人问题的技能，另一方面协调幼儿处理社会和国际问题的能力④，体现了 STEM 教育对个人和对社会的功能作用。Nancy 认为 STEM 教育建立在真实问题的基础上，能够让幼儿在

---

① 董利：《基于 STEM 的小学高年级科学课教学设计与应用》，重庆师范大学 2017 年硕士学位论文。

② 王妍：《基于 STEM 教育的高中生物活动设计与实践研究——以"环境污染治理"为例》，南京师范大学 2018 年硕士学位论文。

③ 杨懿：《基于 STEM 教育的幼儿玩教具活动的开发》，温州大学 2019 年硕士学位论文。

④ Bybee R W. "Advancing Stem Education: A 2020 Vision", *Technology and Engineering Teacher*, 2010, 70 (1): 30 - 35.

STEM 活动过程中发展其合作交往能力、整体思维能力。① Morrison 认为幼儿在接受 STEM 教育之后，能够朝着逻辑思考者、问题解决者、发明家的方向发展。②

　　为何近年来 STEM 教育成为幼儿园教育实践中的重点议题？首先，研究表明，幼儿阶段的 STEM 教育投入能在高年级的学业成绩中得到回报；同时幼儿作为未来社会的劳动力，掌握 STEM 技能能更好地完成工作，从而促进经济的发展。例如，2016 年的一项研究调查了从幼儿园入学到八年级末的 7 750 多名儿童的学习经历，发现早期获得关于科学的知识与成年后的科学成就相关。在幼儿园时期仅接受较低水平知识的学生中，三年级学生有 62% 在科学方面有困难，八年级学生有 54% 仍然有困难。③ 其次，学者们指出 STEM 教育发展了幼儿多方面的能力，这些能力能让幼儿成长为适合未来社会发展需要的人才。

　　Hilton 认为通过 STEM 教育可以培养学生适应能力、解决问题的能力、复杂沟通的能力和系统思维的能力。④ Bybee 认为 STEM 教育内容包括概念理解、程序技能等，这不仅能帮助学生培养处理个人问题的能力，而且能帮助学生培养处理社会和全球问题的能力。⑤ Nancy 认为以真实问题为基础，促进科学理性思维的 STEM 教育活动不应该留给初中和高中教室。幼儿同样具有从事 STEM 活动的能力，STEM 课程的敏锐性使幼儿在更注重过程的学习中，

---

① Nancy K. D. "America's Children：Providing Early Exposure to STEM（Science，Technology，Engineering and Math）Initiatives"，*Education*，2012，133（1）：77 - 84.

② Morrison J，French B. "Identifying Key Components of Teaching and Learning in a STEM School"，*School Science and Mathematics*，2015，115（5）：244 - 255.

③ Nancy K. D. "America's Children：Providing Early Exposure to STEM（Science，Technology，Engineering and Math）Initiatives"，*Education*，2012，133（1）：77 - 84.

④ Hilton M. *Exploring the Intersection of Science Education and 21st Century Skills：A Workshop Summary*，National Academies Press，2010：144.

⑤ Bybee R W. "Advancing Stem Education：A 2020 Vision"，*Technology and Engineering Teacher*，2010，70（1）：30 - 35.

发展创新能力、整体思维的能力和合作交往的能力。① Morrison 认为通过 STEM 教育学生能变成更好的问题解决者、创新者、逻辑思考者、发明家和具有技术素养者。此外，学生通过这种教育方式还能成为有主见的人。②

李慧等认为 STEM 学习与以往以教师传授知识为主的教学模式不同，它更强调学生自主探究学习的模式，让学生在群体合作学习中亲自去动手操作，从而在体验中建构知识。③ 并且 STEM 的学习主题都是来自真实情境的现实问题，学习情境更具有开放性、互动性和生态性。值得一提的是，STEM 在教育评价的设置中，也着眼于群体和个人的双向评价，将个人的价值与集体的成果相联系。因此在这样的学习中，学生学会了寻求合作、协作解决问题的技能，进一步培养了学生开放和包容的社会交往技能。张俊在面向幼儿的 STEM 教育方面重点指出了 STEM 教育在培养幼儿动手实践能力、解决问题能力和融会贯通知识能力上有重要的益处。④

也有学者认为通过这种综合性的教育方式，幼儿能够成为有主见的人。STEM 教育面向群体和个人的双向评价，强调把个人的价值与集体的利益联系起来。在这种评价体系下，学习者倾向于通过合作来解决生活中的问题，能够进一步培养自身的包容性，以开放的态度面对生活中的人和事，更好地适应社会生活。杨元魁、叶兆宁在论及幼儿园开展 STEM 教育的重要性和必要性时提及，人脑在 3—6 岁期间发育极快，尤其是人脑的控制中心——额叶皮层的发育经历了质的飞跃，其具体表现是儿童的执行功能（包括抑制控制、工作记忆和认知灵活性）在 3—6 岁期间发展非常迅速，并且 3—6 岁也是进行干预的最佳时期。执行功能的发展是儿童能够进行 STEM 学习的重要认知

① Nancy K. D. "America's Children: Providing Early Exposure to STEM (Science, Technology, Engineering and Math) Initiatives", *Education*, 2012, 133 (1): 77 - 84.

② Morrison J, French B. "Identifying Key Components of Teaching and Learning in a STEM School", *School Science and Mathematics*, 2015, 115 (5): 244 - 255.

③ 李慧、王全喜、张民选：《美国 STEM 教育的探析及启示》，《上海师范大学学报》（哲学社会科学版）2016 年 05 期。

④ 张俊：《STEM 教育的理念及其对学前教育的启示（一）——对 STEM 教育的理解》，https://mp.weixin.qq.com/s?__biz=MzAwNjg1MDcwNA%3D%3D&idx=1&mid=2652807808&sn=5564e9a65a7a235572e9fbb778d08147 [2017 - 4 - 12]。

基础，其中的抑制控制功能更是儿童抑制错误概念、构建正确概念的核心能力。①

STEM 教育除了对学习者有重要意义外，还能够对教育者产生一定程度的影响。Aldmeir 对北卡罗来纳东部的四个班级实施 STEM 教育，通过前后测试的对比，发现 STEM 教育一方面可以让幼儿掌握科学、数学知识和工程、技术技能，另一方面还能提高幼儿教师的课程设计与开展能力，启发教师在其他领域的活动中融入 STEM 理念，经过多次的设计和实施提升自身的专业技能，并能向家长和其他相关人士传达自己对于 STEM 教育的确切态度。②

一些 STEM 教育的最早倡导者和热切的研究者认为，学龄前儿童有探索 STEM 学科的自然渴望（STEM Smart Brief）。由于他们中的一些人还不具备与入学准备相关的知识和能力，就认为学龄前儿童在意义、预测、假设和分析等主要智力倾向方面不合格是错误的。③ 与人们的认知相反，学龄前儿童对他们周围的物理、社会和生物世界的运作方式会产生好奇、猜测和想法。他们可以长时段地探索、实验和使用各种工具，解决问题，比较事物④，询问事实和规则。事实上，他们有能力，也准备好了，渴望并能够从事 STEM 活动。⑤ 因此，学习者应该从小就接触 STEM 的概念。在引入 STEM 活动的幼儿园中，学龄前儿童可以通过实验和探索材料建立科学和数学的联系。通过这种方式，STEM 教育为他们提供了有意义的学习，并成为未来教育经验

---

① 杨元魁、叶兆宁：《开展幼儿园 STEM 教育的重要性和必要性》，《中国科技教育》2017年 06 期。

② Aldmeir，J. "Irrigated STEM Curriculum Improving Educational Outcomes for Head Start children"，*Early Child Development and Care*，2017，187（11）：1694 - 1706.

③ Katz，L. G. "STEM in the Early Years"，*Early Childhood Research and Practice*，2012，12（2）：11 - 19.

④ Sharapan，H. "From STEM to STEAM：How early childhood educators can apply Fred Rogers approach"，*Young Children*，2012，67（1）：36.

⑤ Aktürk，A. A，Demircan，H. O. "A review of studies on STEM and STEAM education in early childhood"，*Ahi Evran Üniversitesi Kırşehir Eğitim Fakültesi Dergisi*（*KEFAD*），2017，18（2）：757 - 776.

的基础。①

正式的 STEM 教育或经验式学习应始于幼儿时期，因为 STEM 经验起源于孩子出生并观察与投入于周遭环境之时。② 研究发现，越早实行 STEM 教育越有效，整合性的 STEM 教育对小学生具有最好的效果，对大学生效果最不显著。③ 多项研究结果表明，STEM 教育对幼儿学习 STEM 概念和技术是有效的。例如，Bagiati 和 Evangelou 让孩子们玩各种开放式、结构化和半结构化的材料（如积木、乐高拼图等），并对孩子们自由玩耍的过程进行了自然观察和录像。四个月的数据表明，孩子们擅长解决问题、确定需求、设定目标、通过设计和实施来达成这个特定的目标，并通过不断的测试来达成解决方案。④

更有学者认为，艺术的加入，让孩子们有机会以富有创造性和想象力的方式来阐释 STEM 概念。儿童通过音乐和舞蹈表达对世界的想法，用描述性语言交流，阐述想法，使用画笔标记或创建图形，并构建模型。⑤ Land 指出，将艺术融入科学中，能使学生在分析真实世界的问题时不但能运用聚拢思考，而且能运用扩散思考以产生相对应的解决策略；将艺术融入 STEM 课程，可以给学习者提供创造个人意识与激励自我的渠道，以建构学习系统。⑥

研究表明，STEM 教育（尤其是将艺术融入 STEM 成为 STEAM 后）在

---

①　Moomaw, S, Davis, J. A. "STEM comes to preschool", *Young Children*, 2010, 65 (5): 12.

②　Barbre, J. G. *Baby Steps to STEM: Infant and Toddler Science, Technology, Engineering, and Math Activities*, Red Leaf Press, 2017.

③　Becker. K, Park, K. "Effects of integrative approaches among science, technology, engineering, and mathematics (STEM) subjects on student's learning: A meta-analysis", *Journal of STEM Education*, 2011, 12 (56): 23 – 36.

④　Bagiati, A, Evangelou, D. "Engineering curriculum in the preschool classroom: the teacher's experience", *European Early Childhood Education Research Journal*, 2015, 23 (1): 112 – 128.

⑤　Sharapan, H. "From STEM to STEAM: How early childhood educators can apply Fred Rogers approach", *Young Children*, 2012, 67 (1): 36.

⑥　Land, M. H. "Full STEAM Ahead: The Benefits of Integrating the Arts Into STEM", *Procedia Computer Science*, 2013, 20, 547 – 552.

幼儿课堂中的应用，是国内外研究的新领域。而且文献表明，学科的整合有助于学龄前儿童在 STEM 领域的学习。① STEM 教育除了提高学生的学业成绩之外，还为孩子们提供未来职场所需的关键知识。② 学者 Krajcik 与 Delen 指出，STEM 教育的目的应是赋权知能，以挑战问题；而具有"我能做到"的自我意识是很重要的，它可以帮助学习者成为适应 21 世纪的公民，亦即帮助今日的学习者明白"发明"的本质和为问题想出解决方案，故而 STEM 教育宜从学前期就开始扎根。③

杨晓萍等人提到，STEM 教育的核心价值表现为以下几点：第一，共通性，即 STEM 是跨学科知识和跨学段的教育；第二，STEM 教育体现社会发展与幼儿个性发展的统一；第三，STEM 教育体现科学世界和生活世界的共生；第四，STEM 教育回归真实情境和现实问题，是引发学生参与动机的关键。④

毛曙阳认为，STEM 教育强调的是跨学科和跨领域的学习；强调整个过程的学习，让儿童参与，给儿童空间，支持儿童的好奇心，让他们挑战；强调真实问题情境下的学习，即在真实或准真实的生活情境中，以问题解决为导向，培养儿童的创新精神与实践能力，让他们进行积极的思考，其益处就在于让儿童的活动感受更加具有真实感和成就感；强调设计与记录的学习，能够很好地发展儿童的逻辑思维能力和沟通能力。⑤ 杨元魁、叶兆宁教授在论述开展幼儿园 STEM 教育的重要性时，分别从当前国际形势、时代发展态

---

① Aktürk, A. A, Demircan, H. O. "A review of studies on STEM and STEAM education in early childhood", *Ahi Evran Üniversitesi Kırşehir Eğitim Fakültesi Dergisi（KEFAD）*, 2017, 18（2）: 757 - 776.

② Quigley, C. F, Herro, D. "Finding the joy in the unknown: Implementation of STEAM teaching practices in middle school science and math classrooms", *Journal of Science Education and Technology*, 2016, 25（3）: 410 - 426.

③ Krajcik, J. Delen, İ. "Engaging learners in STEM education", *Eesti Haridusteaduste Ajakiri. Estonian Journal of Education*, 2017, 1（5）: 35 - 58.

④ 杨晓萍、杨柳玉、杨雄：《幼儿园科学教育融入 STEM 教育的核心价值与实施路径》，《天津师范大学学报》（基础教育版）2018 年 04 期。

⑤ 毛曙阳：《关于幼儿园阶段开展 STEM 教育的若干思考》，《物理之友》2018 年 09 期。

势，以及我国目前幼儿园科学教育发展现状出发，强调了幼儿园开展 STEM 教育的重要性。同时从认知科学与脑科学的角度，提出幼儿园开展 STEM 教育对儿童深入学习和基本能力的培养具有重要意义。[①] 于战营、陶玉凤认为开展幼儿园 STEM 教育具有重要性和必要性，提出要增进幼儿园教育的系统认知；设计生动有趣的学习方案；构建生活化的科学学习模式；营造融洽、良好的学习情境。[②]

关于 STEM 教育的价值各个学者持不同的观点，但是总的来说，跨学科和跨领域、基于真实情境是多数学者都提到的，这同时也是 STEM 教育的特征。周淑慧认为 STEM 教育既然在当代与未来都那么重要，各级学习更应大力推动。STEM 经验始于出生后幼儿观察与投入周围环境时，因此正式的 STEM 教育应始于幼儿时期。[③]

① 杨元魁、叶兆宁：《开展幼儿园 STEM 教育的重要性和必要性》，《中国科技教育》2017年 06 期。

② 于战营、陶玉凤：《开展幼儿园 STEM 教育的必要性和可行性分析》，《新课程研究（下旬刊）》2018 年 12 期。

③ 周淑慧：《STEM 教育自幼开始——幼儿园主题探究课程中的经验》，《台湾教育评论月刊》2017 年 09 期。

第二章 幼儿园 STEM 课程实施流程与策略

第一节 基于 3SE 模型的幼儿园 STEM 课程的实施流程

构建适合幼儿园开展的 STEM 活动模型是当下亟须解决的实践难题。3SE 模型符合幼儿园特色的多层次学习框架，将大项目分解成若干有逻辑关系的小活动，不但使学习内容与幼儿的生活经验更加贴近，还能让幼儿通过直接感知、动手操作、实验探究来学习，充分利用幼儿园"一日生活皆课程"的优势，将学习和游戏结合起来，不断建构幼儿的知识系统，激发幼儿的学习兴趣，为幼儿终身学习奠定良好的基础。因此 3SE 模型可作为 STEM 课程的实施模式。

一、课程模式及各环节目标要求

参考 3SE 课程模式，我们将幼儿园 STEM 活动的课程模式分为五个存在内在逻辑的基本环节，将整个 STEM 活动串联成互为基础、不断深入扩展的整体。具体包括情景导入、生活体验、探究制作、汇报展示、评价反思等五个基本流程要素，同时进一步细化"探究制作"的实施流程，使幼儿园 STEM 活动框架更加明晰，具有更好的适用性，为教师的"教"和幼儿的"学"提供支架，提升学习质量。

各环节的主要目标和任务要求如下：

（一）情景导入环节主要目标及要求

1. 主要目标

根据项目主题目标，为幼儿创设情境，帮助幼儿初步感受、体验，引起

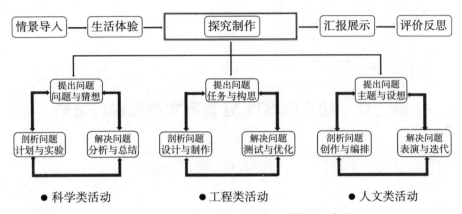

基于 3SE 模式的幼儿园 STEM 活动流程示意图

幼儿兴趣，激发幼儿参与该 STEM 活动的积极性，为接下来的学习打下基础。

2. 要求

情境创设要自然，充分利用社区资源、家长资源，既可以引资源入园，也可以让幼儿走出校园；注意鼓励幼儿多感官、多角度感知。

（二）生活体验环节主要目标及要求

1. 主要目标

在情景导入的基础上，围绕项目的目标提供适宜的材料、场地等，让幼儿进行亲身体验；该环节应有意识地引导幼儿有目的地感受项目式学习的重点，鼓励幼儿通过亲身体验提炼驱动性问题，并思考计划和制订方案，为下一步的学习奠定基础。

2. 要求

教师要营造宽松、自由的氛围，提出开放性问题，鼓励幼儿按照自己的想法进行多种方式的体验；在体验的过程中，教师要做好观察者，观察并记录幼儿的发现、谈话、疑问、困难、兴趣点等，为开展下一步的学习做好准备。

（三）探究制作环节主要目标及要求

1. 主要目标

探究制作是 STEM 活动的核心环节。幼儿将围绕驱动性问题，个人或者小组通过讨论、实验、动手制作等方式寻找解决方案、验证方案、优化方案等，在不断的深入学习中掌握基本概念，初步学习技能，积累知识经验，再通过学习方案、多样形式的作品等将内在的知识呈现出来，将知识逻辑化和系统化。

2. 要求

根据该项目的类别（科学类活动、工程类活动、人文类活动等）选择不同的流程进行深度学习；此环节要根据幼儿的学习兴趣和进度灵活分配时间，同时给予幼儿充足的材料和选择合作伙伴的机会，使其进行主动学习，允许幼儿不断在试错中完善知识，建构富有逻辑性的知识结构；教师既要认真观察幼儿，发现幼儿的兴趣、问题和解决问题的方式，也要留意他们的谈话，从中提炼出具有价值的学习契机，并以同伴的身份与幼儿一起进行学习；要鼓励幼儿善用书籍、电脑、智能终端设备及家长资源等进行主动探究和学习。

（四）汇报展示环节主要目标及要求

1. 主要目标

鼓励和支持幼儿将 STEM 活动过程中的学习所得进行展示，通过展示培养幼儿的自信、成就感和继续深入学习的积极性；通过汇报展示帮助幼儿梳理学习过程，回忆学习到的知识和经验；在准备过程中培养幼儿的口语表达能力、艺术展示能力、创新创造能力、团队协作能力等综合素养。

2. 要求

汇报展示单位可以是个人，也可以是小组；可根据项目的不同类别选择不同的方式，比如作品展、艺术展演、辩论赛、知识比拼、情景剧、拍卖会等；参与汇报的人可以全是幼儿，也可以包含成人。

（五）评价反思环节主要目标及要求

1. 主要目标

分为基于幼儿"学"的评价和基于教师"教"的评价。幼儿的"学"，重点评价幼儿在学习过程中的参与性、学习的状态、解决困难的方式等；教师的"教"，要从材料的丰富性、教的方式方法的适宜性等方面进行评价。

2. 要求

应更加关注过程性评价。教师和幼儿在 STEM 活动开展过程中的表现将成为下一步学习目标设定、学习方法选择、学习材料和环境调整等的依据；评价反思的形式可以多种多样，如：调查表、评价量表；幼儿作品；幼儿的对话和视频；家长访谈、教师访谈、幼儿访谈等。

二、探究制作环节流程细化要求

"探究制作"是深度学习的关键核心环节。教师可选择不同的学习流程设计教学目标，鼓励幼儿在学习过程中选择更合适的探究形式、材料、同伴。

1. 探究制作的分类

大致分成三类：科学类活动、工程类活动、人文类活动。

2. 不同类别活动探究制作环节的学习流程

根据类别的不同及"提出问题、剖析问题、解决问题"三个层次，细分为以下流程：

（1）科学类活动：问题与猜想—计划与实验—分析与总结

问题与猜想：针对活动归纳出质疑的问题，并根据已有经验进行大胆猜想，提出自己的看法和设想。

计划与实验：通过讨论、文字、绘画等方式将设想变成可实施的方案，通过有目的的小实验来验证计划和方案的可行性。

分析与总结：记录实验的过程和结果，并进行比较和分析，评估结果是否验证了自己的猜想，能否解答提出的问题。

（2）工程类活动：任务与构思—设计与制作—测试与优化

任务与构思：根据活动目标确定制作任务和具体的想法，即制作的步骤、流程等。

设计与制作：在构思的基础上进行设计，形成设计图纸、材料和工具清单等；幼儿分工合作，收集材料和工具制作作品。

测试与优化：对完成作品的性能、功能等进行测试，讨论是否可以使作品更优秀（更坚固、更美观、功能更强等），在此基础上调整。

（3）人文类活动：主题与设想—创作与编排—表演与迭代

主题与设想：根据项目的需求确定表演的主题，对表现形式及所需人员、场地、材料进行讨论和确定；讨论表演的可行性。

创作与编排：收集所需资料并讨论后，创作表演剧本或方案；幼儿进行分工排演，此分工包括工作人员分工和演员分工等；节目排练。

表演与迭代：正式（幼儿园剧场演出，需有演出海报、购票验票环节、观众等）和非正式（利用幼儿园表演区场地，安排比较随机，有无观众均可）表演；收集演员、观众、工作人员的意见，不断调整演出方案（包括队形、动作、对白、道具等），让演出更接近幼儿想象的完美状态。

第二节　幼儿园 STEM 课程的实施策略

一、以园本课程为基，探索幼儿园 STEM 课程实施方式

校本课程（school-based curriculum），是以学校为本位、为基础的课程，即学校在一定的教育思想指导下，立足于学校具体实际，充分利用社区和学校的课程资源，自主开发的符合本校学生个性特点、体现学习特色的课程。[①]"园本"一词源自"校本"，大意为"以幼儿园为本"。"园本"关注的不是宏观层面的一般问题，而是幼儿园管理者及教师日常遇到的亟待解决的实践问题。它有三方面的含义：一是"为了幼儿园"，二是"在幼儿园中"，三是"基于幼儿园"。"为了幼儿园"是要以改进幼儿园实践、解决幼儿园所面临的问题为指向。"在幼儿园中"是要树立这样一种观念，即幼儿园自身的问题，要由幼儿园中的人来解决。"基于幼儿园"是要从幼儿园的实际出发，挖掘幼儿园的种种潜力，更充分地利用幼儿园的资源。[②]

因此，幼儿园在实施 STEM 课程时，应该在充分考虑园本课程内容的基础上有选择地吸收 STEM 课程中的相通部分，确保两者有机融合。幼儿园应根据自己的办园理念、幼儿的兴趣与需要，结合幼儿园的特点和条件选择适合自身的实施方式。

二、以幼儿生活为源，丰富幼儿园 STEM 课程实施内容

正如陶行知所言，"生活即教育"，教育来源于生活，课程来源于生活。

---

① 修成静：《幼儿园园本课程开发的现状及策略研究——以上海市 G 幼儿园为个案》，上海师范大学 2013 年硕士学位论文。

② 袁爱玲：《幼儿园课程》，北京：北京师范大学出版社，2015 年。

从孩子呱呱坠地的那一刻起，他就开始与周边的生活世界产生联系，他所在的生活世界就在塑造着他的经验与行为，同时他也逐渐成为自我生活世界的创造者，其生活世界在不断的吸收与创造中得以习惯和扩大。因此，幼儿园课程实施以幼儿为对象，应关注幼儿的生活世界，遵循幼儿的身心发展特点及生活规律，以幼儿的生活世界为契机；应将幼儿自身的特点和经验作为课程实施的基础；课程设置应与幼儿的发展水平相适应，符合幼儿的兴趣与需要等。

幼儿的生活世界十分丰富多彩，涵盖了个人生活、幼儿园生活和社会生活；幼儿的生活路径包括家庭、幼儿园、社区等，资源丰富。关注幼儿生活世界的整体性应成为课程整合的基点。幼儿的生活是幼儿在不断发现问题、解决问题的过程中使现实世界与自我需要之间的矛盾得以调和的不断发展的过程。所以，幼儿园 STEM 课程实施既要关注幼儿目前的生活，又要关注幼儿今后的生活，应不断进行调整，以适应幼儿的生活。

幼儿园"一日生活皆课程"，这意味着幼儿园 STEM 课程应融入幼儿园的一日生活之中。幼儿园 STEM 课程实施必须适应幼儿生活的内在结构和图式特征，充分激发幼儿的主动性，提供多种机会让幼儿进行表达，同时关注不同的幼儿个体，因材施教，让每个幼儿在 STEM 课程中都能学以致用。①

三、以园所政策为先，创设幼儿园 STEM 课程实施条件

幼儿园课程的实施需要幼儿园从上至下共同努力，方向一致。园长是课程的规划者和课程实施的协调者，应具备相应的课程领导能力。老师们应具备扎实的课程发展知识基础、专业的知识素养。拥有一支专业的教师队伍是幼儿园课程有效实施的保障。

幼儿园课程的实施包括人、物、财等各项资源的调节与利用，因此，幼儿园需要成立一支专门的队伍来推动幼儿园 STEM 课程的实施，建立有效的保障制度，从上至下全面执行，以保证幼儿园 STEM 课程的顺利开展。

幼儿园 STEM 课程的实施主体是教师，教师的专业素养直接影响了幼儿园 STEM 课程实施的效果。一方面，教师需要通过不断学习提升自我的专业

---

① 袁爱玲：《幼儿园课程》，2015 年。

水平，为幼儿提供学习的支架，促进幼儿深度学习。另一方面，教师应参与幼儿园 STEM 课程的开发，熟练掌握课程的目标、内容、评价等，将其转化为内在的知识。同时，教师应转变教育观念，真正意识到课程并不是虚无缥缈的理论知识，而是可以通过一个个小活动实施落地的有效方针，是自己每天都在做的事情，从而更好地投入日常的教学工作，找到自我的价值。

课程的实施离不开专业人士的指导，幼儿园可以结合"引进来"与"走出去"的政策开展课程。一方面，积极寻求专业人员的指导，以专业的力量推进课程，确保在实施的过程中少走弯路。另一方面，加强与外界的联系，学习他人的优点。幼儿园 STEM 课程的实施绝不是"闭门造车"，外界的支持是必不可少的，幼儿园应善于利用包括家长、社区等在内的外界资源，为课程实施提供有力保障。

四、以实际情况为准，探求幼儿园 STEM 课程实施角度

每个幼儿园所处的地域不同，拥有的资源也不尽相同，幼儿园的发展历程与理念也不一样，因此，在制订幼儿园 STEM 课程的实施方案时应找准切入点，关注幼儿园的课程组织形式，个性化地实施幼儿园 STEM 课程。同时，应充分利用幼儿园的各项资源，根据园所的基础、现状、背景、实际条件等，找准幼儿园 STEM 课程的实施角度。

幼儿园 STEM 课程的实施是一个长期工程，需要不断地总结经验，调整结构，不断完善。根据幼儿园的实际情况，不断调整课程实施的重点，才能让课程焕发出持久的生命力。在实施幼儿园 STEM 课程时，要时刻关注幼儿的经验是否已经发生变化，幼儿在课程实施中的成长和发展体现在哪些方面，要不断追问课程的设计、实施是否有效。如果发现幼儿的经验未发生变化，就要重新思考如何引导幼儿增长经验，并找出问题所在，不断改进和完善课程体系。

教师要根据《指南》，从本地、本园的条件出发，结合幼儿的实际情况，制订切实可行的工作计划并灵活地执行；教育活动的组织形式应根据需要合理安排，因时、因地、因内容、因材料灵活地调整；教师应善于发现幼儿感兴趣的事物、游戏和偶发事件中所隐含的教育价值，把握时机，积极引导；尊重幼儿在发展水平、能力、经验、学习方式等方面的个体差异，因材施教，努力使每一个幼儿都能获得满足和成功。

五、转变教育观念，实施幼儿园 STEM 课程综合评价

在实施幼儿园 STEM 课程的评价时，应由注重教学结果、形式转向注重教学过程，观察幼儿的学习过程，研究幼儿不同的学习方式，注重评价幼儿在学习过程中的思维触动及操作上的努力。在实施幼儿园 STEM 课程的评价时，应由注重知识的获取转向注重情感、态度的发展。幼儿园 STEM 课程的评价不应局限在知识技能上，要以幼儿为本，以人的个性发展为本，教师必须注意为幼儿可持续发展奠定基础。幼儿园 STEM 课程的评价应冲破统一要求和标准答案，强调幼儿个性的展现与张扬，强调采取灵活实际的评价标准。

幼儿园 STEM 课程要求幼儿教师进行跨学科、跨领域的整合研究，不仅仅局限于某一学科或某一领域。教师应有全局观，积极转变教育教学观念和教育行为，从各个方面提高自身综合素质。

第二部分 项目式学习案例

I　创意与设计

案例一　珠宝设计师*

项目方案

一、课程名称

珠宝设计师

二、适用年级

幼儿园大班

三、总课时

2个月

四、涉及领域

科学、社会、语言、健康、艺术

五、课程简介

"珠宝设计师"项目通过对"珠宝"这一盐田区特色产业的探究，激发

＊　本案例由深圳市盐田区教科院幼儿园提供，邱志华、李信、侯洁琳共同执笔。项目主要成员有邱志华、李信、侯洁琳、谢沁沁、陈娴、黄冰莹、吕思雅、魏晓燕、杜维娜、童永桂。

幼儿对家乡的热爱之情。项目以基于生活问题的项目式学习为框架，首先抛出问题：珠宝设计师是什么？珠宝设计师能做什么？怎么当珠宝设计师？其次，确定珠宝设计的核心问题：为谁设计？怎么设计？设计什么？怎么制作？再次，基于完整的生活项目式学习流程：发现问题→提出假设→调查研究→论证假设→得出结论，并以"初探珠宝设计""解密珠宝设计""乐享珠宝设计"三个小项目开展教学，以"提炼问题，筛选方法""聚焦问题，检核方法""深研问题，形成方案"三个步骤为内部逻辑，层层递进。最后，以过程性评价的方式进行评价。幼儿在这个过程中能对珠宝有较为全面深入的认识，并逐渐成长为一个有主见、具灵气的学习者，一个会发现、善求解的探索者，一个充满爱、乐创造的协作者，一个有热情、能坚持的钻研者。

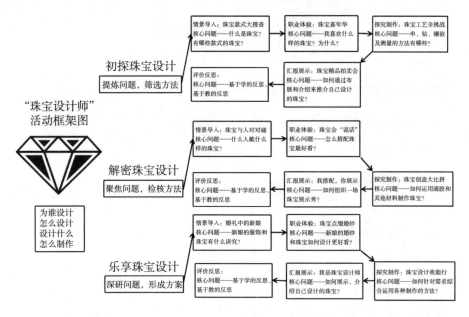

六、课程资源分析

"珠宝设计师"项目贴近幼儿生活，让幼儿从真实的社会经验中获得发展。在材料方面，幼儿园已建立资源库，包含布类、工具类、生活用品类等，可提供丰富的低结构材料供幼儿操作。在课时方面，幼儿园"一日生活皆课程"，且幼儿园场地为大平层，设有 13 个主题场馆，可以满足幼儿各种领域的学习需求。在人员资源方面，教学时间段内，幼儿园行政人员均会进入班级配合教师开展活动，每个班级配有"两教一保"及家长助教，为活动开展奠定坚实的基础。

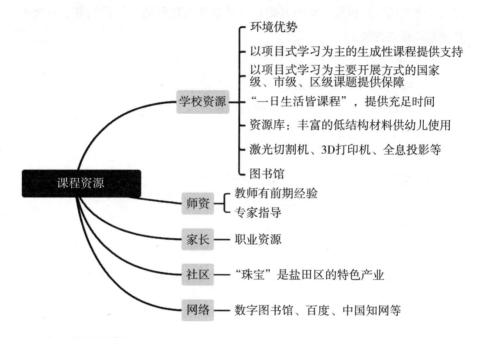

环境优势

以项目式学习为主的生成性课程提供支持

以项目式学习为主要开展方式的国家级、市级、区级课题提供保障

学校资源——"一日生活皆课程"，提供充足时间

资源库：丰富的低结构材料供幼儿使用

激光切割机、3D打印机、全息投影等

图书馆

课程资源

师资——教师有前期经验／专家指导

家长——职业资源

社区——"珠宝"是盐田区的特色产业

网络——数字图书馆、百度、中国知网等

七、课程目标

（一）五育并举

习近平总书记在全国教育大会上指出，要努力构建德智体美劳全面培养的教育体系，形成更高水平的人才培养体系。基于此，本课程将五育并举作为目标之一。

1. 德育

（1）通过自己动手设计珠宝，体会设计者的辛劳，懂得珍惜别人的设计成果。

（2）通过参与珠宝设计的整个过程，增加对家乡的了解，激发对家乡的热爱之情。

2. 智育

（1）通过动手操作，获得直接经验；通过合作交流，发展语言能力、社会交往能力；尝试用归类、排序、判断、推理等方法发展逻辑思维能力。

（2）以 3SE 框架为主线，通过"认识—实践—反思—应用"的循环学习过程，激发幼儿对探究活动的兴趣，培养幼儿发现问题、分析问题、解决问题和总结经验的能力。

3．体育

（1）增加幼儿外出活动的机会。

（2）以游戏的方式增加体育锻炼的乐趣。

（3）发展幼儿的基本体育动作。

4．美育

（1）通过设计珠宝，发展绘制设计图、动手设计的能力。

（2）提升感受美、欣赏美的能力。

5．劳育

（1）通过自己动手制作珠宝、布置展厅等环节，掌握劳动的方法。

（2）通过参与珠宝设计，增加劳动机会，体会劳动的艰辛，珍惜劳动成果。

（二）关键能力

1．解决问题能力

以 3SE 框架为主线，通过"认识—实践—反思—应用"的循环学习过程，激发幼儿对探究活动的兴趣，培养幼儿发现问题、分析问题、解决问题和总结经验的能力。

2．职业能力

幼儿通过参与珠宝设计，担任"珠宝设计师"，了解设计师工作的基本流程，并发散式了解其他职业。

3．创造创新能力

培养幼儿大胆质疑、从不同视角提出设计思路、选择新材料完成探究设计与制作的能力，激发幼儿的创新精神。

4．团队协作与沟通能力

通过课程实践，发展幼儿人际交往和社会适应能力以及主动性、坚持性、好奇心和热情、灵活性和变通性、敢于创造和尝试等积极品质。

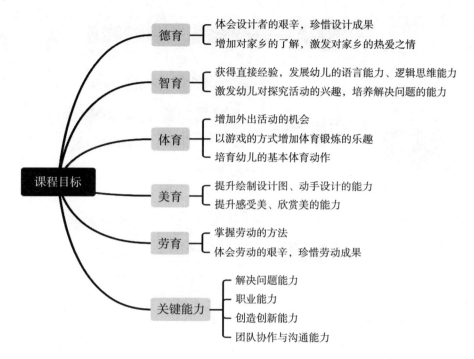

八、活动安排

（一）课程实施时间安排及说明

幼儿园"一日生活皆课程"，因此，课程活动的开展安排如下图所示。

项目式学习贯穿幼儿一日生活（自早上入园进入班级至下午离园）的每一个环节，重点体现在上午的晨间活动、团体讨论、集体或分组活动、区域自选活动、餐前讨论，下午的集体或分组活动、区域自选活动、放学前分享回顾等环节。

1. 晨间活动

指幼儿来园后自由地与环境、材料、同伴、教师接触，通过对已有知识经验的讨论回顾及对未来活动的预期，帮助幼儿产生新灵感，制订新活动的计划。

2. 团体讨论

教师和幼儿讨论提出有关项目式学习的话题，团队成员发表自己的见解，提出自己的意见。要给团队中的每一个成员提供思考、表达的机会，以帮助幼儿确定自己的学习计划。

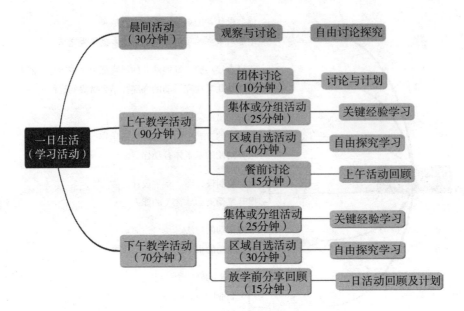

3．集体或分组活动

教师将项目式学习中的预定目标、幼儿的学习进度及幼儿的兴趣点进行综合考虑，提炼出项目教学中幼儿需要学习的关键知识经验，以教师为主导、幼儿为主体的形式，进行集体或者小组的学习。此环节中知识点要求有价值，形式要求以幼儿体验、操作、团队合作为主。

4．教育教学活动

在教育教学活动时间，教师与幼儿共同讨论今日需要准备的问题，幼儿自选材料，自由选择同伴解决问题。教师将项目式学习中的知识点、集体或分组活动中的新知识、幼儿需要反复操作体验的实验等制作成工作盘，幼儿可以按自己的意愿进行自由选择，反复操作，对知识进行理解和内化吸收。此环节要求将知识点融入操作材料，并适当提供指引和错误订正，使幼儿可以脱离教师的指导和控制，自己进行学习。

5．餐前（放学前）讨论分享

教师可以收集上午各活动中幼儿的作品、幼儿活动时典型行为（遇到困难、解决困难、新成就、团队协作等）的照片与幼儿分享，也可请幼儿在集体面前进行表达，重点关注几个问题：遇到了什么困难，如何解决的（如果解决了，要分享自己的经验；如果没有解决，请其他幼儿提供可行方案）；有哪些新发现和新成就；得到谁的帮助；怎样和同伴协作完成任务的。通过这个环节，全体幼儿共享经验，为大家提供灵感和下一步探究的思路。放学前的讨论，重点激发幼儿构设第二天学习的目标和计划。

（二）课程内容、实施要求及设计意图

首先，我们向幼儿抛出三个问题："珠宝设计师"是什么？"珠宝设计师"能做什么？怎么做"珠宝设计师"？引导幼儿思考并进一步提出问题，并将收集到的问题根据概念、方法、功能进行分类。

其次，确定"珠宝设计师"的核心问题：为谁设计？怎么设计？设计什么？怎么制作？并以"艾莎的婚礼"为情境，逐步开展整个项目，贴近幼儿兴趣，便于幼儿理解。

再次，基于完整的项目式学习流程：发现问题→提出假设→调查研究→论证假设→得出结论，以"初探珠宝设计""解密珠宝设计""乐享珠宝设计"三个小项目为框架开展教学，以"提炼问题，筛选方法""聚焦问题，检核方法""深研问题，形成方案"三个步骤为内部逻辑，层层递进。

最后，以过程性评价的方式从人（师生互动、生生互动）、方法（教的效果、学的情况）、材料（被选择的频率、被使用的方式、对幼儿的启发）、环境（和谐开放、互动性、安全自由）四个方面进行评价。幼儿在这个过程中能对珠宝有一个全面深入的认识，并逐渐成长为一个有主见、具灵气的学习者，一个会发现、善求解的探索者，一个充满爱、乐创造的协作者，一个有热情、能坚持的钻研者。

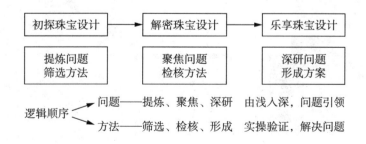

项目实施

一、项目实施过程

（一）初探珠宝设计

1. 情景导入——珠宝款式大搜查

幼儿通过"珠宝款式大搜查"活动了解身边的珠宝，通过参观珠宝博物馆、寻找家中的珠宝来丰富知识经验，并将收集到的珠宝画出来。

幼儿参观、认识珠宝

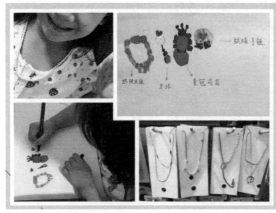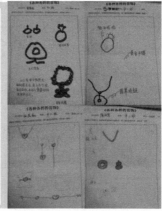

幼儿收集珠宝种类图

幼儿提出关于珠宝的很多问题：

幼儿A：什么是锁骨链？它与普通项链有什么不同呢？

幼儿B：琥珀跟宝石、翡翠有什么不同呢？

幼儿C：爸爸和妈妈的戒指为什么不一样呢？

幼儿D：耳钉和耳环有什么区别呢？它们又是怎样戴到耳朵上去的呢？

教师收集幼儿的问题，并将收集到的问题分为概念类、方法类、功能类。

2. 职业体验——珠宝嘉年华

开展"珠宝嘉年华"活动，邀请到珠宝商店体验的家长来园，通过实物分享、图片分享、视频分享、口头分享等方式向幼儿呈现珠宝商店内不同的珠宝和店员的工作内容。鼓励幼儿也分享自己观察到的珠宝商店信息；也可分享自己家人佩戴、收藏珠宝的相关经历，调动幼儿生活经验。请幼儿扮演顾客，通过"顾客提出需求——店员商量讨论——共同解决问题"的方式加深幼儿对珠宝相关知识的了解。

幼儿F：我看到珠宝商店里有许多不同的珠宝，它们放在不同的柜子里。

幼儿K：我采访了售货员姐姐，她说她们商店里的珠宝是从别的城市买来的。

幼儿V：售货员姐姐告诉我，不同种类的珠宝价钱也是不同的。

幼儿H：我看到我奶奶和我妈妈手上戴的镯子的颜色不一样。

幼儿到珠宝店观察珠宝

家长分享珠宝

3. 探究制作——珠宝工艺全挑战

幼儿归纳出常见的四种珠宝类型：耳环、项链、戒指、手链。教师通过提供丰富的低结构材料及工具激发幼儿设计珠宝、制作珠宝的兴趣。

幼儿 S：我想把这个钻石粘到戒指上，可是我不知道可以怎么粘。

幼儿 B：我们是不是可以用胶布把它们粘起来呀？

幼儿 H：这样胶布都露出来了，就不好看了。

幼儿 L：我们可以用热熔胶把它们粘起来。

模具

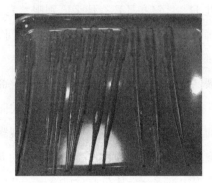
滴管

各种各样的珠子

幼儿用"串"的方法做手链

幼儿用"镶嵌"的方法制作戒指

4．汇报展示——珠宝精品拍卖会

幼儿通过"珠宝精品拍卖会"这个展示汇报的活动，了解了拍卖会严谨的流程包括宣布拍卖规则和注意事项、组织拍卖、拍卖成交、签署确认书四个步骤。

珠宝拍卖会现场

5．评价反思

基于学的反思：

（1）幼儿学习的状态：本项目为幼儿营造了"玩中学"的轻松氛围，淡化了学的痕迹。孩子们从生活中搜索学习的资源，能够自由、积极地参与，大胆地创作。

（2）整体能力表现：幼儿有比较娴熟的美工技能；愿意分享自己的作品和取得的成功。

（3）遇到的困难：幼儿对于胶类很难控制；对于钻这个动作有些幼儿不熟练；在把设计图变成作品的过程中，想象和现实操作间的差距会对孩子们造成困扰。

基于教的反思：

（1）目标及教学具选择的适宜性：目标选择符合幼儿年龄特点；材料来源于幼儿生活，与幼儿生活经验相符。

（2）教学方式方法的适宜性：以视频、图片等直观的教具丰富幼儿经验，符合这一阶段直观的学习特点。

（3）开放式引导等方面的适宜性：给予幼儿充分的创造发挥空间；鼓励幼儿多试错。

（二）解密珠宝设计

1. 情景导入——珠宝与人对对碰

经过前期的了解，幼儿发现不仅珠宝的种类不同，而且不同的人在不同的场合会佩戴不同的珠宝，于是他们开始讨论："什么人适合什么样的珠宝呢？"

2. 职业体验——珠宝会"说话"

幼儿扮演珠宝设计师的角色，为不同的人搭配珠宝，他们发现不同年龄、性别、职业的人适合不一样的珠宝。

幼儿 O：我认为年轻的女孩子适合闪闪的珠宝。

幼儿 A：我觉得我爸爸适合在脖子上戴一块玉，因为他经常戴一块玉，我觉得好看。

幼儿 Y：我奶奶手上戴着一个手镯，摸起来凉凉的。

幼儿 D：我觉得李老师适合戴长长的耳环，我觉得很适合她。

3. 探究制作——珠宝创造大比拼

经过前阶段的学习，幼儿已经不满足于使用半成品材料制作珠宝，他们提出要运用新的材料制作。于是，孩子们开始寻找适合制作珠宝的材料。通过和教师共同查阅资料，孩子们发现，滴胶、UV 胶、热塑片可以制作好看的珠宝，中国传统扎染工艺也可以用来制作珠宝。

（1）滴胶

教师首先示范如何用滴胶制作珠宝，为幼儿准备滴胶工具，请幼儿分组选择自己想要制作的珠宝。请幼儿绘制设计图，根据设计图用滴胶制作，并分享制作的过程，分享成功和失败的经验。在制作过程中，幼儿发现滴胶中 A 胶和 B 胶的比例是很重要的，如果比例不对，就不能凝固，由此引发探究。

幼儿尝试调滴胶　　　　　　　幼儿用滴胶制作珠宝作品

（2）UV 胶

幼儿尝试用 UV 胶制作珠宝，他们发现，UV 胶不能自然凝固。通过查阅资料发现，这种胶水需要用紫外线灯照射才能干，但孩子们不知道需要照射多久，于是开始了探究活动。

幼儿 A：原来 UV 胶需要紫外线照射才能干呀！但是我们要照射多久呢？

幼儿 B：我们可以随便试！

幼儿 C：我觉得我们试了之后要记录下来，不然我们不知道正确答案呀！

幼儿 A：那我们去找老师要记录单吧！

幼儿查阅相关资料　　　　　　幼儿尝试用紫外线灯照射 UV 胶

UV 胶用紫外线灯照射记录

照射时间	UV 胶形态	记录人
1	╳	曾堉睿
5	□	曾堉睿
8	◌	曾堉睿
10	◯	曾堉睿

备注：完全干画○；表面干画□；未干画╳

幼儿的记录单

（3）热塑片

幼儿将自己想象的图案画在热塑片上，涂上颜色后，在合适的位置打孔，最后由教师协助幼儿用热风机将热塑片凝固。

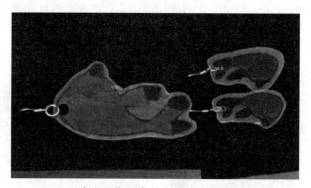

幼儿用热塑片制作的珠宝作品

4. 汇报展示——我搭配，你展示

幼儿通过"我搭配，你展示"这个活动了解了展示秀的基本流程、所需道具、音乐的选择等知识。幼儿在展示珠宝的过程中为了凸显珠宝，穿上了黑色的模特服。同时，幼儿为不同职业的人设计了珠宝，并扮演不同职业的人展示珠宝。

幼儿展示珠宝

展示婚礼佩戴的珠宝　　　　　　展示空姐佩戴的珠宝

展示警察佩戴的珠宝　　　展示法官、律师佩戴的珠宝

5. 评价反思

基于学的反思：

（1）幼儿学习的状态：在整个学习过程中，幼儿能够通过观察，发现并提出值得继续探究的问题，同伴之间能够互相鼓励、大胆联想、猜测答案并设法验证。

（2）整体能力表现：在学习过程中，具有探究能力的幼儿自然地成为团队的引领者，小组成员会合作解决困难，部分幼儿承担的是协助和应和的角色。

（3）遇到的困难：在相对较长的时间内完成任务对幼儿是个挑战，特别是需要幼儿将几天前的结果和当下的现象进行对比，缺乏逻辑思维的幼儿还比较难以理解。

基于教的反思：

（1）目标及教学选择的适宜性：在该项目式学习的过程中，教师虽然是活动目标和活动方案的制订者，但能跟随幼儿的进度确定目标，确保目标既符合幼儿学习的需求，又不会脱离幼儿生活经验，符合幼儿年龄特点。

（2）教学方式方法的适宜性：有意识地引导幼儿观察、学习观察的基本方法，培养他们积极动手动脑寻找答案或解决问题的能力。

（3）开放式引导等方面的适宜性：教师通过开放式提问及充满鼓励的语言，为幼儿提供了足够的空间和时间去体验、尝试。

（三）乐享珠宝设计

1. 情景导入——婚礼中的新娘

艾莎公主就要结婚了，小朋友们想要给她设计结婚时戴的珠宝，可是什么样的珠宝适合在婚礼上戴呢？于是小朋友们开始讨论。

幼儿 C：我觉得要闪闪发光的珠宝才适合在婚礼上戴。

幼儿 D：白色的珠宝吧，因为婚纱是白色的！

幼儿 F：只要新娘喜欢就行啦！

2. 职业体验——珠宝点缀婚纱

幼儿想要给艾莎公主设计一件镶满珠宝的婚纱，于是幼儿园邀请相关职业的家长入园为幼儿讲解婚纱设计的相关知识。幼儿经过小组讨论、查阅资料、画设计图、动手制作，终于设计出了属于艾莎公主的婚纱。

幼儿给艾莎公主的婚礼设计的婚纱

幼儿 G：怎样把这个蝴蝶结固定在裙子上呀？

幼儿 V：我们可以把它粘上去！

幼儿 Z：我们可以用订书机把它钉上去！

幼儿 A：不行，你们说的方法都不好，我觉得我们可以把它缝上去！

老师：方法没有对错，你们可以都试试，最后商讨决定用哪种方法。

家长为幼儿讲解相关知识　　　　　　幼儿设计的婚纱

3．探究制作——珠宝设计我能行

（1）滴胶与材料结合

幼儿掌握用滴胶、UV 胶、热塑片制作珠宝的方法后，不满足于只用这些材料制作。在前期经验中，幼儿了解到不同的人要佩戴不同的珠宝，不同的珠宝有着不同的意义，因此，幼儿将滴胶与苦瓜、干花、簕杜鹃等物品结合，做出了他们心目中的珠宝。

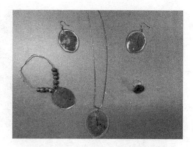

幼儿珠宝作品《苦尽甘来》　　　　幼儿珠宝作品《深圳之最》

（2）彩陶

幼儿想做出立体的幼儿园吉祥物"鲲宝"，但是滴胶如果不用模具，做不出幼儿想要的样子，他们查找资料发现，彩陶经过烤制可以固定。于是，他们将彩陶捏成"鲲宝"的样子，在教师的指导下，用烤箱进行加热。他们先尝试了较为简单的珠子手链，接着又制作了"鲲宝"项链，幼儿的目标最终实现了。

烤制彩陶手链　　　　　幼儿调试烤箱温度　　　　　"鲲宝"系列首饰

（3）扎染工艺与珠宝

幼儿最后开始尝试运用扎染的工艺制作珠宝。首先，幼儿需要准备扎染需要的染料，通过查阅资料，幼儿了解了水、板蓝根、石灰共同发酵才能制作出传统的染料。染料制成后，开始扎染。他们发现，不同的扎染方式会出现不同的花纹。在教师的引导下，幼儿将扎染技术与珠宝制作方法相融合。通过中国传统的扎染方法制作出不同花纹，最后运用不同的工艺将扎染作品与制作的珠宝组合成一件件独特的、富有中国美的饰品。

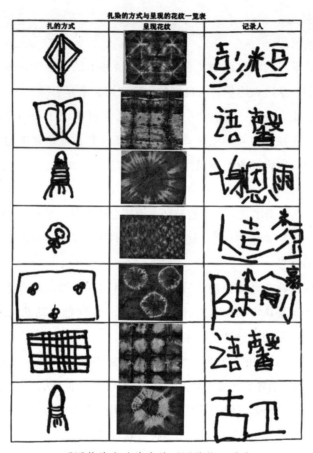

不同扎染方法染出的不同花纹记录表

4. 汇报展示——我是珠宝设计师

幼儿展示自己设计的珠宝，并介绍设计思路、使用的材料及制作方法。

幼儿展示自己设计的珠宝

5．评价反思

基于学的反思：

（1）幼儿学习的状态：幼儿在面对真实情境中的问题时，表现出饱满的积极性；他们愿意边做边学，有良好的创新意识和求异思维。

（2）整体能力表现：在活动中，教学目标不再拘泥于单一学科内容，幼儿可以打破学科知识之间的壁垒，自然运用知识和技能，并能够通过科学探究，运用工程技术将抽象的知识变成具体的作品，解决生活中简单的问题。

（3）遇到的困难：无论是探究的过程还是工程设计、制作的过程，都要求幼儿有更加娴熟的美术功底和建构技巧，否则会限制幼儿将想法变为现实的程度，应该为幼儿提供更加丰富的材料和更多的时间、空间，供他们自由练习。

基于教的反思：

（1）目标及教学具选择的适宜性：本项目内容来源于幼儿生活，整体目标和教学均是围绕珠宝的主题进行观察和探究，以问题驱动幼儿的探究兴趣，能够激发幼儿学习的主动性和自主性。

（2）教学方式方法的适宜性：本项目强调多种学科知识和方法相结合，环环相扣，由浅入深，引导幼儿通过科学、工程、数学、艺术等方法解决问题。

（3）开放式引导等方面的适宜性：教师利用开放的环境、丰富的低结构材料、多角度的工具书，鼓励幼儿采用多种方式进行学习，综合参与观察、体验、记录、设计、创造、动手制作、展示作品等活动，达到"做中学"的目标。

二、幼儿作品及评价

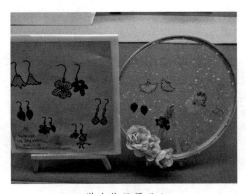

学生作品展示 1

学生作品展示 2

学生作品展示 3

学生作品展示 4

学生作品展示 5

幼儿发现原来分享展示的方式多种多样，自制展示牌、自制展示小书虽然有一定的难度，但是非常有趣。同时也明白了虽然设计十分重要，但是展示也不容小觑，因为介绍珠宝也是设计制作珠宝的一部分。幼儿非常喜欢"show"、新闻发布会的形式，在这个过程中，幼儿锻炼了各方面的能力，同时也变得更加自信。教师也应该丰富教学活动的形式。

三、项目评价

（一）评价观

在目的方面，我们关注幼儿未来的发展方向；在内容方面，注重幼儿在学习与发展过程中的进步。教师要在活动过程中持续进行评价，利用多元的评价手段和方法，关注幼儿个体的变化和群体的发展。

（二）评价内容和手段

在幼儿方面，主要采用教师的观察记录、家园联系表和幼儿成长档案；在教育教学方面，主要采用行政跟班观察记录、教师访谈及幼儿访谈的形式；在材料方面，我们统计幼儿园班级材料清单，关注材料更新情况；在环境方面，利用教师和行政人员的观察及访谈，发现空间、时间上存在的问题，及时进行调整。

四、项目反思

（一）项目亮点

1. 运用幼儿园项目式学习框架开展活动

盐田区教科院研发的幼儿园项目式学习活动框架为幼儿园教师开展项目式活动提供了一个高质量的抓手，在活动开展的过程中，教师在倾听幼儿、引导幼儿方面有了明确的方法和方向。在将活动细化为人文类、工程类、科

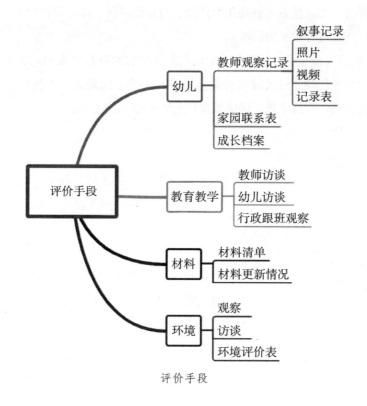

评价手段

学类后，班级开展的活动也更加全面。

2. 幼儿园调整时间、空间支持幼儿项目式学习

首先，幼儿园统整环境和学习空间，将班级调整为 13 个功能场馆，确保资源丰富，给幼儿充分的低结构材料进行探索。其次，幼儿园调整教师作息时间，确保在学习时间段，班级有"两教一保"，行政人员和医生在走廊等公共区域确保幼儿有序进行项目式学习。

幼儿园建立资源库，提供丰富的低结构材料供幼儿操作。每周一是幼儿园资源收集日，幼儿会将家中的废旧材料、自然材料带来给幼儿园。

（二）项目优化

1. 基于学的优化

（1）丰富评价形式

在活动评价方面，丰富评价形式，利用相关量表进行评价。积极推进家园共同评价，让家长参与到幼儿的评价、教师的评价、课程的评价中来。

（2）开发适合中小班的活动

"珠宝设计师"项目是基于大班幼儿的年龄特征进行开发的，在活动的过程中，中小班的幼儿也展现出对珠宝设计的兴趣，因此，未来我们希望可以进行混龄活动，将珠宝设计的活动推广给年龄更小的幼儿。

2. 基于教的优化

（1）开发课程资源

学习离不开生活，项目式学习要基于生活。在活动过程中，幼儿园可以开发利用家长资源、社区资源，带幼儿走出校园，到生活中寻找珠宝，感受珠宝。

（2）拓展教学内容

在活动后续延伸部分，幼儿可以探索为其他人定制珠宝，通过接单、设计、制作等环节开展此项服务。幼儿园可以举办"珠宝展览会"，邀请全园的教师与幼儿为自己喜欢的珠宝投票，进而对项目进行评价。

附 录

附录 1: UV 胶用紫外线灯照射记录

照射时间	UV 胶形态	记录人

备注：完全干画〇；表面干画□；未干画×。

附录 2: 不同扎染方式扎染出的花纹记录表

扎染方式	呈现花纹	记录人

附录 3：评价反思表

填写说明：在下列各项中填上适合表现的等级，满分为三颗星。由教师评价。			
情景导入环节			
评价内容	幼儿 A	幼儿 B	幼儿 C
清楚要解决的问题			
掌握查阅资料的基本方法			
对生活中的现象有兴趣			
职业体验环节			
积极参与体验活动			
能与同伴沟通，表达自己的想法			
探究制作环节			
能通过思考解决遇到的问题			
能画出设计图			
能通过分工合作完成任务			
能选择合适的材料制作			
汇报展示环节			
能用清晰的语言描述活动过程			
能了解、体会同伴付出的劳动			
懂得欣赏他人的劳动成果			
幼儿 A 访谈记录			
问题	回答		
你需要解决的问题是什么？			
问题有没有得到解决？			
你遇到了什么困难？			
同学是如何帮助你的？			
接下来你打算如何解决问题？			

附录 4：家园联系表

时间:				姓名:		
一个月综评:						
月工作重点	项目学习			情况		
	特色活动			情况		
	品德习惯			情况		
家长工作重点						
预设活动	活动内容	优秀	良好	仍需努力	说明	
生成活动						
劳动技能			数学院			
家长反馈						

案例二　小小设计师——地铁口创意标识设计*

项目方案

一、课程名称

小小设计师——地铁口创意标识设计

二、适用年级

幼儿园大班

三、总课时

2 个月

四、涉及领域

科学、艺术、社会、健康、语言

五、课程简介

地铁口标识在帮助乘坐地铁来盐田游玩的人快速了解盐田、更好地宣传盐田本土文化等方面发挥着重要作用。然而，目前地铁口标识存在格式单一、种类单调、缺乏盐田特色等问题。因此，本项目选择毗邻本园的沙头角地铁站的现有标识为研究对象和切入点，引导幼儿先通过实地考察了解标识的基本知识，再在整合原有经验和技能的基础上设计更为实用和丰富的地铁口标识，最后通过实际"试用"标识来调整和优化设计，以发展幼儿解决生活中实际问题的能力。

六、课程资源分析

（一）学校资源

（1）材料：纸张、彩笔、木工材料、各种布类、自然材料等。我园设有资源库，可以很好地支持幼儿开展各种活动。

＊ 本案例由深圳市盐田区教科院幼儿园翠峰分园提供，邱志华、李信、侯洁琳共同执笔。项目主要成员有邱志华、李信、侯洁琳、盛根霞、谢沁沁、陈娴、黄秋怡、刘宇琳、冯思红、刘玉莹。

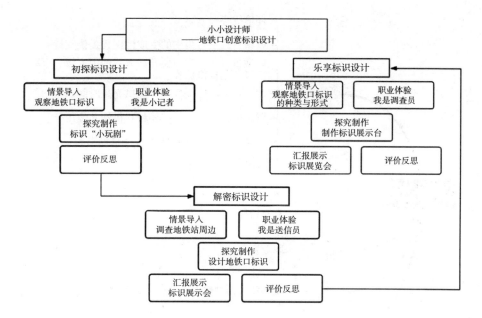

（2）工具：3D 打印机、激光切割机等。

（3）课程：生成性课程为项目式学习提供支持。

（4）环境：我园场地为大平层，设有 13 个主题场馆，可以满足幼儿各种领域的学习需求。

（二）师资

我园教师有开展"美好盐田"活动的前期经验；定期邀请专家入园举办讲座；小学教师定期指导。

（三）家长

从事各种职业的家长。

（四）社区

我园毗邻沙头角地铁站，为本课程的开展提供了实践基地。

七、课程目标

（一）五育并举

习近平总书记在全国教育大会上指出，要努力构建德智体美劳全面培养的教育体系，形成更高水平的人才培养体系。因此，本课程将五育并举作为

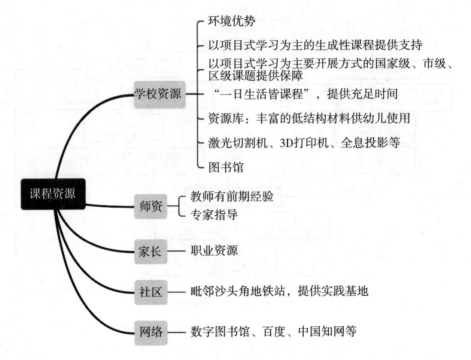

目标之一。

1. 德育

（1）通过自己动手设计标识，体会设计者的辛劳，懂得珍惜别人的设计成果。

（2）通过参与沙头角地铁站标识设计的整个过程，增加对家乡的了解，激发对家乡的热爱之情。

2. 智育

（1）通过动手操作，获得直接经验；通过合作交流，发展语言能力、社会交往能力；尝试用归类、排序、判断、推理等方法发展逻辑思维能力。

（2）以 3SE 框架为主线，通过"认识—实践—反思—应用"的循环学习过程，激发幼儿对探究活动的兴趣，培养幼儿发现问题、分析问题、解决问题和总结经验的能力。

3. 体育

（1）增加幼儿外出活动的机会。

（2）以游戏的方式增加体育锻炼的乐趣。

（3）发展幼儿的基本体育动作。

4. 美育

（1）通过设计地铁口标识，发展绘制设计图、动手设计的能力。

（2）提升感受美、欣赏美的能力。

5. 劳育

（1）通过自己动手设计地铁口标识，掌握劳动的方法。

（2）通过参与设计沙头角地铁口标识，增加劳动机会，体会劳动的艰辛，珍惜劳动成果。

（二）关键能力

1. 解决问题能力

以 3SE 框架为主线，通过"认识—实践—反思—应用"的循环学习过程，激发幼儿对探究活动的兴趣，培养幼儿发现问题、分析问题、解决问题和总结经验的能力。

2. 职业能力

幼儿通过参与地铁口标识的设计，担任"小小设计师"，了解设计师工作的基本流程，并发散式了解其他职业。

3. 创造创新能力

培养幼儿大胆质疑、从不同视角提出设计思路、选择新材料完成探究设计与制作的能力，激发幼儿的创新精神。

4. 团队协作与沟通能力

通过课程实践，发展幼儿人际交往和社会适应能力以及主动性、坚持性、好奇心和热情、灵活性和变通性、敢于创造和尝试等积极品质。

八、活动安排

（一）课程实施时间安排及说明

幼儿园"一日生活皆课程"，因此，课程活动的开展安排如下图所示。

项目式学习贯穿幼儿一日生活（自早上入园进入班级至下午离园）的每一个环节，重点体现在上午的晨间活动、团体讨论、集体或分组活动、区域自选活动、餐前讨论，下午的集体或分组活动、区域自选活动、放学前分享回顾等环节。

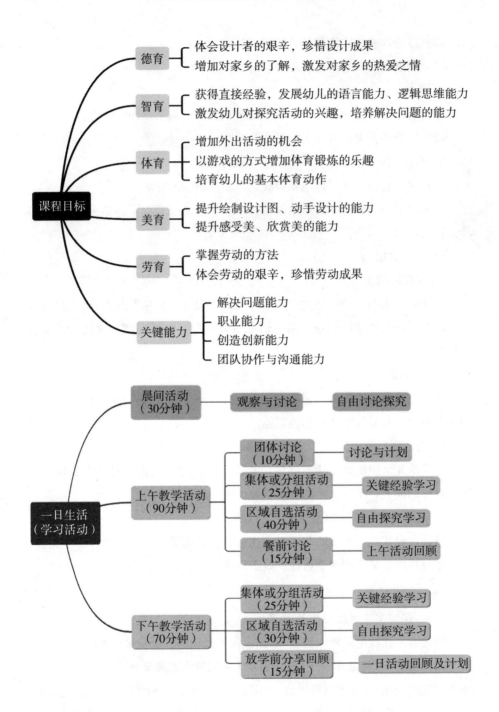

1．晨间活动

指幼儿来园后自由地与环境、材料、同伴、教师互动，通过对已有知识经验的讨论回顾及对未来活动的预期，帮助幼儿产生新灵感，制订新活动的计划。

2．团体讨论

教师和幼儿讨论提出有关项目式学习的话题，团队成员发表自己的见解，提出自己的意见。要给团队中的每一个成员提供思考、表达的机会，以帮助幼儿确定自己的学习计划。

3．集体或分组活动

教师将项目式学习中的预定目标、幼儿的学习进度及幼儿的兴趣点进行综合考虑，提炼出项目教学中幼儿需要学习的关键知识经验，以教师主导、幼儿为主体的形式，进行集体或者小组的学习。此环节中知识点要求有价值，形式要求以幼儿体验、操作、团队合作为主。

4．教育教学活动

在教育教学活动时间，教师与幼儿共同讨论今日需要准备的问题，幼儿自选材料，自由选择同伴解决问题。教师将项目式学习中的知识点、集体或小组活动中的新知识、幼儿需要反复操作体验的实验等制作成工作盘，幼儿可以按自己的意愿进行自由选择，反复操作，对知识进行理解和内化吸收。此环节要求将知识点融入操作材料并适当提供工作指引和错误订正，使幼儿可以脱离教师的指导和控制，自己进行学习。

5．餐前（放学前）讨论分享

教师可以收集上午各活动中幼儿的作品、幼儿活动时典型行为（遇到困难、解决困难、新成就、团队协作等）的照片与幼儿分享，也可请幼儿在集体面前进行表达，重点关注几个问题：遇到了什么困难，如何解决的（如果解决了，要分享自己的经验；如果没有解决，请其他幼儿提供可行方案）；有哪些新发现和新成就？得到谁的帮助？怎样和同伴协作完成任务的？通过这个环节，全体幼儿共享经验，为大家提供灵感和下一步探究的思路。放学前的讨论，重点激发幼儿构设第二天学习的目标和计划。

（二）课程内容、实施要求及设计意图

首先，我们向幼儿抛出三个问题：地铁口标识是什么？为什么要设计地铁口标识？怎么设计地铁口标识？并将收集到的相关问题根据概念、方法、功能进行分类。

其次，确定"小小设计师——地铁口创意标识设计"的核心问题：为谁设计？怎么设计？设计什么？怎么制作？并以"我是小记者"为情境，逐步开展整个项目，贴近幼儿兴趣，便于幼儿理解。

再次，基于完整的项目式学习流程：发现问题→提出假设→调查研究→论证假设→得出结论，以初探标识设计、解密标识设计、乐享标识设计三个小项目为框架开展教学，以"提炼问题，筛选方法""聚焦问题，检核方法""深研问题，形成方案"三个步骤为内部逻辑，层层递进。

最后，以过程性评价的方式从人（师生互动、生生互动）、方法（教的效果、学的情况）、材料（被选择的频率、被使用的方式、对幼儿的启发）、环境（和谐开放、互动性、安全自由）四个方面进行评价。

幼儿在这个过程中能对地铁标识有一个全面深入的认识，并逐渐成长为一个有主见、具灵气的学习者，一个会发现、善求解的探索者，一个充满爱、乐创造的协作者，一个有热情、能坚持的钻研者。

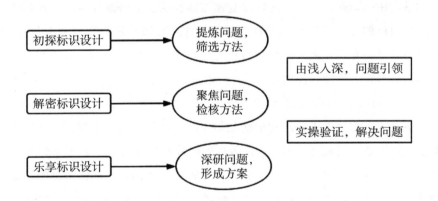

项目实施

一、项目实施过程

（一）确定研究思路

1. 确定设计标识的思路

　　如下图所示，符号分为推论性符号与表象性符号。推论性符号具有典型的推理性语言符号特征，具有抽象性的特点。表象性符号充分体现了导向标识的感性功能，把读者的主观精神世界转变成可以被感知的外在形式，具有具象性的特点。学前儿童的思维以具体形象思维为主，经过前期对幼儿进行测试，发现幼儿设计标识的规律为从模仿到立体，再到平面，即从表象性符号到推论性符号，从具象性到抽象性。

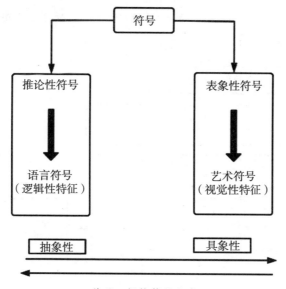

苏珊·朗格符号分类

2. 归纳总结幼儿的问题

　　针对沙头角地铁口标识设计，幼儿提出了许多疑问，教师将问题分类归纳为三个层次：地铁口标识是什么？地铁口标识有什么用？如何设计地铁口标识？并从概括类问题、方法类问题、功能类问题这三大类进行总结。最后，梳理出本项目的核心问题，包括问题由来、设计什么、为谁设计、为何设计、如何设计、如何优化、如何评价等。

3. 形成课程的实施逻辑

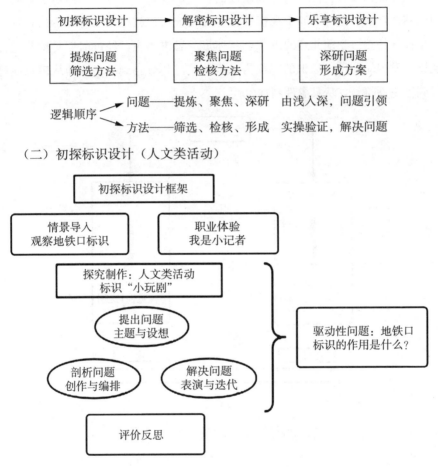

（二）初探标识设计（人文类活动）

1. 情景导入——观察地铁口标识

教师通过图片、视频、谈话引出"地铁口标识"这个话题，并请家长利用周末等闲暇时间带领幼儿去沙头角地铁站观察有哪些标识，拍照记录下来。第二天晨谈时一起谈论观察到的标识以及这些标识的作用。

2. 职业体验——我是小记者

在情景导入活动中幼儿对地铁口标识有了一定了解的基础上，幼儿在教师的帮助下准备访谈提纲、记录单、话筒等，采访路人对沙头角地铁口标识的改进建议，并记录下来。

幼儿观察地铁口标识

幼儿采访路人

3. 探究制作——标识"小玩剧"

由问题出发，幼儿一起讨论，以表演的方式解决现实生活中的问题。首先，幼儿根据实际情况所需创编剧本，排练，编辑成视频。然后，在各个班级巡回演出，引发大家思考。

幼儿观看视频

老师：小朋友和妈妈是第一次坐地铁来沙头角游玩，对沙头角不熟悉，在指示牌上没有找到沙头角好吃好玩的地方，他们不知道该往哪里去。宝贝们，你们有什么办法帮助他们吗？

幼儿 A：老师，我们可以把好吃好玩的地方画出来。

幼儿 B：我们可以设计图案，把每个出口好吃的和好玩的地方标出来。

老师：说得真好，你们很有想法哦，那我们要怎么做才能让所有的人都能看懂呢？

幼儿 C：我知道一个办法，就是画一个有标识的地图，可以导航路线。

幼儿 D：对，你说得没错，我们可以设计有图案的标识，大家就都能看懂了。

老师：宝贝们，你们说想设计标识，那么什么是标识呢？

4. 评价反思

基于学的反思：

本项目为幼儿营造了"玩中学"的轻松氛围，淡化了学的痕迹，更多的是孩子们从生活中搜索学习的资源，孩子们能够自由、积极地参与，大胆地创作。

基于教的反思：

项目内容来源于幼儿的生活，符合幼儿的年龄特征。教师让幼儿参与剧本的创编，可以激发幼儿的兴趣与思考，给予幼儿充分的创造发挥空间。

（三）解密标识设计（科学类活动）

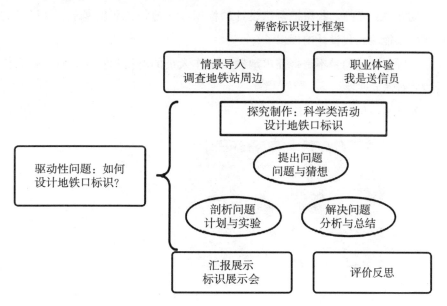

1. 情景导入——调查地铁站周边

在前期活动的基础上，幼儿对地铁口标识有了一定的了解，同时也产生了很多关于地铁口的疑问。基于此，幼儿在家长的带领下借助调查表调查沙头角地铁站 A1、A2、B、C 出口有哪些功能性场所，并按照吃、住、行、玩、游、生活等进行分类。

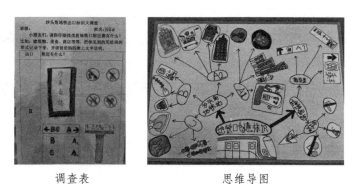

调查表　　　　　　　　　　　　　思维导图

2. 职业体验——我是送信员

由问题出发，幼儿在教师的指导下写信给地铁站的工作人员，询问是否可以将自己设计的标识放在地铁口。

　　幼儿 A：老师，我想把自己设计的标识放在地铁口那里展示，这样就有更多的人能看到我设计的标识了。

　　老师：那我们是不是得征求地铁站工作人员的意见呢？我们要以什么样的方式征求意见呢？

　　幼儿 B：我们可以给他们写信。

幼儿写信、送信、收到回信

　　3. 探究制作——设计地铁口标识

　　（1）模仿设计标识

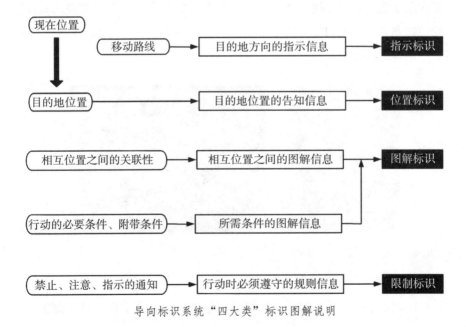

导向标识系统"四大类"标识图解说明

　　幼儿自主找寻材料，模仿设计指示标识、位置标识、图解标识、限制标识，在模仿的过程中了解导向标识有哪些种类，它们的作用分别是什么。

模仿设计标识

　　老师：我们可以利用不同材料模仿制作生活中见到的标识。

　　幼儿 A：我想用废旧材料做指示标识。

　　幼儿 B：我想用扣子做禁止标识。

　　（2）设计立体标识

　　幼儿自主找寻材料，设计立体标识，并思考粘、钻、测量，以及综合利用各种材料的方法。

设计立体标识

幼儿 A：老师，我想制作一个可以立起来的标识。

老师：那你可以想办法利用比较坚硬的材料将标识立起来。

幼儿 A：那我可以用矿泉水瓶子。

老师：其他小朋友也可以利用别的材料将标识立起来。

（3）设计平面标识

幼儿在模仿设计标识的基础上，总结分析标识具有连续性、单纯性、系统性、明确性、统一性等特点，进一步设计简洁易懂的系统性平面标识。

幼儿 B：我平时见到的标识都是平面的，而且形状差不多。

幼儿 C：我在地铁口见到的标识也是差不多的颜色，差不多的大小。

老师：是不是形状、颜色、大小统一的标识看起来比较舒服呀？我们也试着设计系统的标识吧！

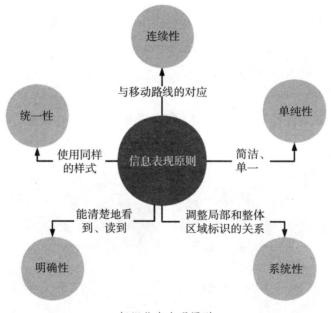

标识信息表现原则

幼儿设计的平面标识

4. 汇报展示——标识展示会

幼儿合作组织地铁口标识展示会，展示自己设计的标识，并请其他幼儿提出改进意见。

标识展示会

5. 评价反思

基于学的反思：

在整个学习过程中，幼儿能够通过观察，发现并提出值得继续探究的问题，大胆联想，猜测答案并设法验证；同伴之间能够互相鼓励。

基于教的反思：

教师有意识地引导幼儿学习观察的基本方法，培养他们积极动手动脑寻找答案或解决问题的能力。教师通过开放式的提问及充满鼓励的语言，为幼儿提供了足够的空间和时间去体验、尝试。

（四）乐享标识设计

1. 情景导入——观察地铁口标识的种类与形式

在前期活动的基础上，幼儿对地铁口标识有了更深层次的理解。在此背景下，家长带着孩子观察并归纳总结地铁口标识有哪些种类，有什么样的表现形式，有什么特点。第二天晨谈时孩子分享自己的调查结果。

2. 职业体验——我是调查员

幼儿拿着设计的标识采访路人："我设计的标识还有哪些需要改进的地方?"记录路人的建议，后期进行修改。

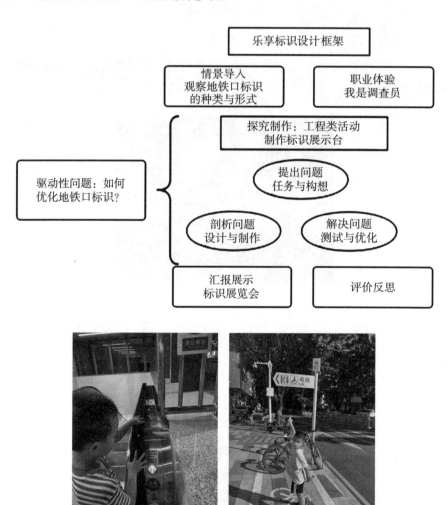

幼儿观察地铁口标识

幼儿采访路人

3. 探究制作——制作标识展示台

首先，幼儿绘制设计图，构想标识展示台的样子，并把自己的构想画出来。然后，寻找材料制作标识展示台，并思考粘、贴、测量、割、插、镶嵌的方法。

制作标识展示台

幼儿 A：我想把自己设计的标识展示出来，所以我想做一个展示台。

老师：那你们要先画设计图。

幼儿 B：我们可以用运动方舟做一个架子，然后把展示标识的板子粘上去。

幼儿 C：我们可以用热熔枪把板子粘到架子上。

其次，进行测试与优化。

幼儿将自己设计的标识展示台搬到地铁口展示，收集路人的建议，并进行优化改进，为最后的展示做准备。

幼儿展示自己设计的标识

老师：小朋友们，好几个人都说我们设计的标识没有盐田特色，我们可以怎样改进呢？

幼儿 D：我们可以设计一个指示中英街的标识，这样别人在沙头角地铁站看到这个标识就知道中英街在哪里啦。

幼儿 E：我想画一个心形，因为心形代表爱。

幼儿 B：还可以画一朵紫荆花代表香港，一朵簕杜鹃代表深圳，然后把两朵花连起来，这样就可以代表香港跟深圳心连心了。

幼儿收集路人的建议，进行归纳总结，提出新的设计思路——融合盐田的本土文化，并设计出新的作品。

4. 汇报展示——标识展览会

幼儿在教师的帮助下，合作组织一场大型标识展览会，将自己设计的所有标识分系列展示在地铁口，供路人观看，并收集路人的建议，为进一步完善标识做准备。幼儿通过展示、介绍自己设计的标识，锻炼了组织能力、语言表达能力。

大型标识展览会

5．评价反思

基于学的反思：

幼儿在面对真实情境中的问题时，表现出饱满的积极性；他们愿意边做边学，有良好的创新意识和求异思维。

基于教的反思：

本项目强调多种学科的知识和方法相结合，环环相扣，由浅入深，引导幼儿通过科学、工程、数学、艺术等方法解决问题。

二、幼儿作品及评价

作品：打羽毛球

点评：幼儿通过模仿制作标识，了解了标识的种类、作用，产生了探究的兴趣。

打羽毛球

作品：美食摩天轮

点评：幼儿通过制作立体标识了解了标识的分类、内容的多样性。

美食摩天轮

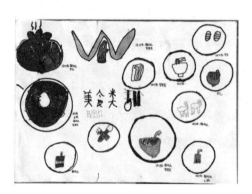

作品：沙头角B出口美食类标识

点评：幼儿通过设计平面标识，了解了标识具有单纯性、系统性、明确性、统一性、连续性的特点。

沙头角 B 出口美食类标识

三、项目评价

本课程的评价以过程性评价为主，总结性评价为辅，两者相结合的形式开展。过程性评价主要从幼儿在活动中的状态、行为表现，包括幼儿是否投入活动、是否开心等方面进行评价。总结性评价主要从幼儿的作品表现方面（作品是否符合主题、是否有创意等）进行评价。

（一）评价方式

本课程采用多样化的评价方式，以"师—生""生—生"互动的形式开展，评价与活动融合，做到随时随地进行评价。

（二）评价工具

本课程的评价工具主要包括课程实施时间表、家园联系表、课程实施观察表等。

四、项目反思

（一）基于学的反思

1. 幼儿的学习状态

幼儿在通过项目式学习进行标识设计的过程中，善于发现问题，表现出饱满的积极性；他们愿意边做边学，有良好的创新意识和求异思维。

2. 幼儿整体能力表现

在活动中，教学目标不再拘泥于单一学科内容，幼儿可以打破学科知识之间的壁垒，自然地运用已有的知识和技能；能够通过科学探究，运用工程技术将抽象的知识变成具体的作品，解决问题。

3. 幼儿遇到的困难

无论是探究的过程还是工程设计、制作的过程，都要求幼儿有更加娴熟的美术功底和建构技巧，否则会限制幼儿将想法变为现实的程度。应该为幼儿提供更加丰富的材料和更多的时间、空间，供他们自由练习，以便他们获得更多的前期经验。

（二）基于教的反思

1. 项目进行中的分组合作

由于课程的开放性，我们允许幼儿进行多角度的思考、多方法的实践，鼓励幼儿自主学习、探究、合作。因此，教师需要对幼儿的能力、素养非常了解，按照"组间同质，组内异质"的原则分组，并有针对性地引导、辅助个别幼儿。否则就会导致幼儿水平参差不齐，最后的活动效果差异很大，部分幼儿无法达到预期目标。

2. 目标及内容的选择

本项目内容来源于幼儿的生活，而且本园毗邻沙头角地铁站，实施该项目有着得天独厚的优势，有利于幼儿进行实地参观、探究。平面标识的设计虽然具有抽象化的特点，对幼儿来说有一定难度，但是教师可以通过适宜的方式帮助幼儿理解，化抽象为具体，遵循学龄前儿童以具象思维为主的心理发展特点。整个设计的过程应从模仿到立体，再到平面。

3. 师幼有效互动

教师利用开放的环境、丰富的低结构材料、多角度的工具书，鼓励幼儿采用多种方式进行学习，综合运用观察、体验、记录、设计、创造、动手制作、完成作品等方式，达到"做中学"的目标。

附　录

附录 1: 沙头角地铁口标识大调查

班级：　　　　　　　　　　姓名：

小朋友们，请你们仔细找找，地铁口附近都有什么？比如：美食、公交车站、学校等。把你见到的用绘画的形式记录下来，并请爸爸妈妈附上文字说明。

出口	附近有什么？

附录 2: 地铁口标识设计图

班级：＿＿＿＿＿　　　名字：＿＿＿＿＿　　　作品名称：＿＿＿＿＿

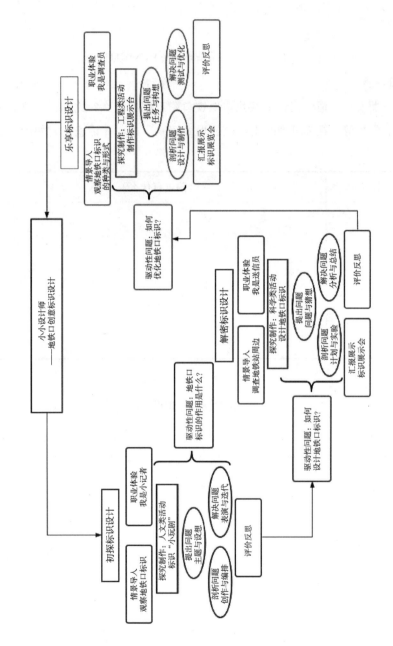

附录3：课程框架图

附录 4：课程实施时间表

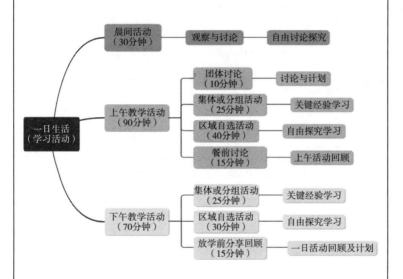

课程实施时间

　　项目式学习贯穿幼儿一日生活（自早上入园进入班级至下午离园）的每一个环节，重点体现在上午的晨间活动、团体讨论、集体或分组活动、区域自选活动、餐前讨论，下午的集体或分组活动、区域自选活动、放学前分享回顾等环节。

评价：课程实施期间每日活动时间是否达到190分钟？

附录 5：家园联系表

时间：				姓名：		
一个月综评：						
月工作重点	项目学习			情况		
	特色活动			情况		
	品德习惯			情况		
家长工作重点						
	活动内容	优秀	良好	仍需努力	说明	
预设活动						
生成活动						
劳动技能			数学院			
家长反馈						

附录 6：课程实施观察表

班级：		姓名：

观察标准	观察结果	
	分值	说明
掌握观察的基本方式	优秀（3分）	
	良好（2分）	
	仍需努力（1分）	
了解表演的基本流程	优秀（3分）	
	良好（2分）	
	仍需努力（1分）	
会简单进行记录	优秀（3分）	
	良好（2分）	
	仍需努力（1分）	
掌握调查的基本方法	优秀（3分）	
	良好（2分）	
	仍需努力（1分）	
了解写信的格式	优秀（3分）	
	良好（2分）	
	仍需努力（1分）	
掌握标识的分类方法	优秀（3分）	
	良好（2分）	
	仍需努力（1分）	
基本掌握粘、贴、测量的方法	优秀（3分）	
	良好（2分）	
	仍需努力（1分）	

（续表）

班级：		姓名：	
观察标准	观察结果		
	分值	说明	
掌握画设计图的方法	优秀（3分）		
	良好（2分）		
	仍需努力（1分）		
掌握综合运用不同材料的方法	优秀（3分）		
	良好（2分）		
	仍需努力（1分）		
了解标识的基本特征	优秀（3分）		
	良好（2分）		
	仍需努力（1分）		
知道如何向他人展示介绍自己的作品	优秀（3分）		
	良好（2分）		
	仍需努力（1分）		
掌握访谈的基本流程	优秀（3分）		
	良好（2分）		
	仍需努力（1分）		
总分			

案例三　我身边的时代变迁——中英街创意旅游设计 *

项目方案

一、课程名称

我身边的时代变迁——中英街创意旅游设计

二、适用年级

幼儿园大班

三、总课时

2 个月

四、涉及领域

科学、社会、语言、健康、艺术

五、课程简介

在中国，有这样一条特殊的街道，它长不足 250 米，宽不足 4 米，却见证了历史翻涌和时代变迁，这条街道就是深圳市盐田区沙头角的中英街。1899 年 3 月，清政府战败，与英国勘定新界北部边界，沙头角被分为"英界"与"华界"两部分。由于两边居民生活的需要，慢慢就有了这条"中英分界线"形成的街道——一边是深圳，另一边是香港。如今，香港已经回归了祖国妈妈的怀抱，深圳在改革开放的背景下发展得越来越好，这条街旧貌换新颜，发生着日新月异的变化。街道两边的居民都过上了富足安康的生活。

活动基于改革开放的时代背景，因地制宜地挖掘本土文化，充分利用自然环境和社区教育资源，拓展幼儿生活和学习的空间。课程设计基于系统知

　　* 本案例由深圳市盐田区机关幼儿园微集团提供，马俊杰、林静宜、戴飞凤、张景怡、李冰冰共同执笔。项目组主要成员有叶丽虹、黄敏、赵国平、李倩、戴飞凤、张景怡、林静宜、李冰冰、马俊杰、蔡彩娟、罗玉香、吴娅琼等。

识论，涉及 6 个维度，使幼儿和教师的经验在生动的情境中实现深度建构，促进师幼学习模式的进阶，获得富有深度探究特征的创造性成果。项目式学习的主题采选于盐田区中英街丰厚的文化宝藏，采用盐田区教科院研发的幼儿园"项目式学习五部曲"的设计思路，结合本土特有的自然、人文景观，融合本土独特的文化背景、民俗民风，连通园所与社区之间的学习场域；将科学、工程、人文知识融合到活动之中，通过学习环境资源的拓展和丰富，充分调动幼儿学习的积极性、主动性和创造性；引导幼儿实际感受祖国文化的源远流长，使幼儿在亲身体验中主动探索，在合作互助中感悟认同中英街的历史文化，收获快乐而有价值的成长。

以下是"我身边的时代变迁——中英街创意旅游设计"的项目概览图：

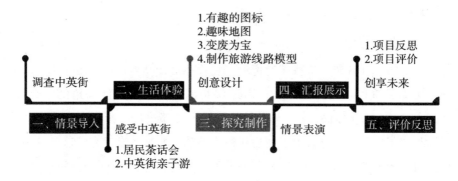

六、课程资源分析

此次活动主题以本土文化资源"中英街"为切入点，纵深链接家庭、幼儿园、社区、书籍、网络等多方资源，对饮食文化、标志性建筑、文化习俗、商业模式变迁等进行深入探究和创意表征，展现本土资源的多重属性。通过挖掘、提供具有适宜性、多样性的自然资源、社会资源、人力资源，使幼儿通过真实的情境、多层次的材料、流动的场景穿越时空的长廊，打破地域的界限，连接文化的纽带，感受时代的变迁，从而对这片热土更加熟悉、充满热爱。

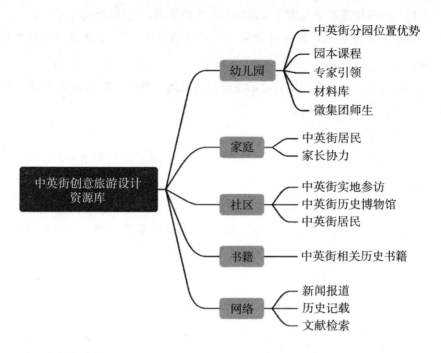

中英街创意旅游设计资源库
- 幼儿园
  - 中英街分园位置优势
  - 园本课程
  - 专家引领
  - 材料库
  - 微集团师生
- 家庭
  - 中英街居民
  - 家长协力
- 社区
  - 中英街实地参访
  - 中英街历史博物馆
  - 中英街居民
- 书籍
  - 中英街相关历史书籍
- 网络
  - 新闻报道
  - 历史记载
  - 文献检索

七、课程目标

（一）活动总体目标

《指南》中明确指出："重视幼儿的学习品质。幼儿在活动过程中表现出的积极态度和良好行为倾向是终身学习与发展所必需的宝贵品质。要充分尊重和保护幼儿的好奇心和学习兴趣，帮助幼儿逐步养成积极主动、认真专注、不怕困难、敢于探究和尝试、乐于想象和创造等良好学习品质。忽视幼儿学习品质培养，单纯追求知识技能学习的做法是短视而有害的。"秉持促使儿童主动学习的教育理念，活动依据儿童学习与发展关键指标设置适宜的课程目标。

1. 学习品质

（1）主动性：幼儿在驱动性问题的引导下，能够积极主动地提出子问题，主动探索。

（2）计划性：幼儿能够根据主题和目标任务，制订适宜的行动计划。

（3）专注性：幼儿在探究的不断深入之下，专注力随之提升。

（4）问题解决：幼儿善于发现问题，不怕困难，创造性地解决问题。

（5）资源利用：幼儿通过收集、处理各方信息，形成对中英街的整体认知。

（6）反思：幼儿能够对自己的活动进行复述，并评价自己和集体的行为，提出想法。

2. 社会性和情感发展

（1）自我认同：幼儿对家乡和本土文化产生熟悉、热爱之情，产生民族自豪感。

（2）胜任感：幼儿在活动中能够有收获感，增强解决问题的信心。

（3）道德发展：通过了解中英街的历史，能够分辨对错，初步形成对国际事务的内在是非感。

3. 身体发展与健康

（1）大肌肉运动与精细动作：通过中英街创意体育活动、走访中英街居民等，幼儿发展其大肌肉运动；通过动手制作模型、纪念品、文化宣传周边作品等，幼儿发展其精细动作。

（2）身体安全：通过进出中英街关口，体会到国家安全、地区安全、人民生命财产安全的重要性。

4. 语言

（1）理解与表达：通过主动采访、处理信息、使用信息，增强语言理解能力；通过与陌生居民交流、团队合作，丰富词汇概念、句式表达，增强语言表达能力。

（2）阅读与前书写：通过对印刷品的阅读，有创意地模仿、临摹作品中的文字标识，提升阅读文字、图片、视频的能力，并提高前书写能力。

5. 数学

（1）数词和符号：通过了解中英街街道标识，了解独特的文化载体"符号"在生活中的重要作用，学习使用正确的数词和计量单位进行表达，用自己的方式进行有效测量，发展数学核心素养。

（2）"部分—整体"关系：了解中英街、沙头角、盐田区、深圳市、广东省、中国、国际之间的部分与整体的关系，理解中英街与深圳、香港是一个整体，是中国不可分割的一部分；通过个人作品与集体作品的有机组合，认识到个人力量和集体力量之间的共存关系。

（3）形状与空间：通过观察中英街、还原中英街，将中英街创意旅游路线图从二维平面转为三维立体，增强对形状与空间关系的感知。

6. 创造性艺术

（1）视觉艺术：通过二维和三维艺术表达自己的观察、思考、想象和感受。

（2）艺术欣赏：发现文化艺术、建筑艺术、表演艺术等的美感，并会表达自己的感受。

7. 科学和技术

（1）分类：增强对收集到的大量信息进行归类处理的能力。

（2）预测：通过设计创意旅游路线图，预测未来中英街的样貌。

8. 社会性

（1）社会多样性：通过探访中英街，幼儿理解不同群体有不同的特征、兴趣和能力，并理解自己在社会中的不同身份和角色。

（2）历史变迁：通过追溯中英街的历史，探究中英街的现状，畅想中英街的未来，认识到历史变迁对人们生活的巨大影响。

（二）活动具体目标

1. 引导幼儿使用适宜的方法探究和解决问题。

2. 支持幼儿与同伴合作探究、分享交流，并在交流中尝试整理、概括自己的探究成果。

3. 鼓励幼儿围绕主题展开想象，进行艺术表达。

4. 在探究过程中激发幼儿对盐田的热爱以及自豪感。

八、活动安排

（一）课程实施时间安排及说明

课程实施时间安排表

活动过程	活动内容	开展时间	课时	地点	参与人员
情景导入	调查中英街	第一周、第二周	2	幼儿园、家里、路上（实地采访）	师、幼、家长及中英街游客、居民
生活体验	居民茶话会	第三周、第四周	1	幼儿园四楼活动室	师、幼、家长、中英街居民
	中英街亲子游	第五周、第六周	2	中英街各景点（界碑、警世钟、博物馆、古井等）	师、幼、家长、边检工作人员、博物馆馆长
探究制作	趣味地图	第七周	3	天王星班	师、幼、家长
	有趣的图标	第八周	4	火星班	师、幼、家长
	变废为宝	第九周	4	木星班	师、幼、家长
	制作旅游线路模型	第十周、第十一周	4	金星班	师、幼、家长
汇报展示	情景表演	第十二、十三、十四周	4	四楼多功能室、展厅	师、幼、家长、受邀客人
评价反思	项目反思	第十五周	2	音乐厅	全体教师

项目式学习通过两条时间线开展：1. 幼儿园一日生活时间线中，项目式学习有机融合在一日生活的每个环节中，教师以一日生活为时间线索开展活动，与此同时抓住基于幼儿兴趣的教育契机开展适时的教育教学；2. 项目式学习分为多组开展，在 3 个班级进行，每周每个班至少开展两次主题项目式学习，教师与幼儿一起提出问题并在探索中解决问题。

（二）课程内容、实施要求及设计意图

1. 课程内容

项目式学习通过 5 个层层递进的驱动型问题展开：

（1）中英街现在是什么样子的？

（2）中英街过去是什么样子的？

（3）为什么中英街从过去到现在有这么大的变化？

（4）我眼中的未来中英街是什么样子的？

（5）我能为中英街的发展做出什么贡献呢？

通过真实性、开放性问题的设置，设置幼儿思维的逻辑起点，激活幼儿高阶思维动能，为探究提供有意义的价值指引、逻辑指引；带来方法论的启发，形成串联所有活动的一条内在线索，并最终引导幼儿形成对中英街深入而系统的感知。

课程内容依据深圳市盐田区教育科学研究院研发的"项目式学习五部曲"展开，具体内容如"课程实施时间安排表"所示。

2．实施要求

教师在活动的组织与实施的过程中，需要时刻把握以下几点要求：

（1）难度适宜性原则。引导幼儿进行难度适宜的挑战，准确识别幼儿的最近发展区，抓取有教育价值的教学契机，为幼儿搭建隐性的脚手架，使幼儿在适宜的难度挑战中获得探究的成就感和能力的提高。

（2）幼儿本位原则。项目式学习中，教师要避免将预设的隐性线索生硬地传递给幼儿，而是以幼儿的兴趣和需要为出发点，想在前，走在后，助力幼儿自主探究，促进其内生力的生长。

（3）整体性原则。项目式探究活动虽然可以在结构上拆解为许多环节，但要注意统整环节与环节之间的内在联系，注重幼儿之间的团结协作。

（4）科学性原则。探究过程中注意科学探究的核心素养，实事求是，程序规范。

3．设计意图

"中英街创意旅游设计"项目式学习旨在以幼儿身处的本土文化为切入点，通过统整政府、幼儿园、家庭、社区等资源，打破幼儿园与社会的壁垒，使幼儿处在真实的情境中，促使学习真实地发生。通过亲身体验、动手操作、科学探究、汇报展演、评价反思等活动，增进幼儿对中英街的了解，培养幼儿爱国爱家、勇敢坚毅、善于探索、乐于想象创造的品质，涵养中国娃的中国精神。

项目实施

一、项目实施过程

（一）情景导入

1. 调查中英街

教师与幼儿观看有关中英街的视频与图片并进行讨论。幼儿通过讨论，分享对中英街的印象，并延伸讨论、深入了解中英街的话题。教师协助幼儿梳理文字，形成调查表，在教师与家长的共同协助下，幼儿利用电话、街头采访等多种方式完成调查。幼儿分享采访结果，搜索相关资料，用绘画、剪贴画或照片等方式完成调查表。

幼儿 A：中英街到底有什么特别的地方呢？

幼儿 B：中英街不能随便进去，就很特别。

幼儿 A：我们家的零食都是在中英街买的，特别好吃。

幼儿 C：我没去过中英街，那里有英国人吗？

老师：我们将感兴趣的问题都记录下来，采访一下亲戚或周围的人吧！

于是，幼儿带着问题，开始选择合适的方式调查中英街，记录自己的调查结果。

电话采访　　　　　　　　街头采访　　　　　　　　完成调查表

2. 评价反思

基于学的反思：

幼儿在调查过程中，采用了电话采访、街头采访等多种方式，既了解了中英街的文化历史，又发展了社会交往能力、语言表达能力以及逻辑思维能力等。

基于教的反思：

本次活动流程为提出问题，设计与讨论问题，最后通过采访解决问题。这一流程让教师在实施活动的过程中有据可依，既能满足幼儿学的需要，又贯穿了教师的引导。

（二）生活体验

1. 居民茶话会

幼儿通过分享调查结果各抒己见，产生了新的问题。为了更深入地了解中英街的"古"与"今"，大家想举办一场可以轻松交谈的温馨茶话会。在茶话会中，大家可以询问自己关于中英街的问题，也可以互相分享关于中英街的见闻。

幼儿 D：中英街以前是什么样子的呢？

幼儿 E：界碑有多少个？

幼儿 F：大榕树我都抱不下了，它几岁啦？

中英街居民客人通过 PPT、视频等方式一一解答幼儿的"十万个为什么"。

幼儿 G：那么多人去中英街旅游，他们最喜欢哪个景点呢？

幼儿 H：肯定是古井。

幼儿 I：我觉得是历史博物馆。

老师：你们的意见不统一，应该怎么办呢？

幼儿 G："石头剪刀布"猜拳、投票。

接着，共同讨论对中英街印象最深刻的景点，投票选出幼儿心中最能代表中英街的景点，并进行统计，最后幼儿邀请客人留影，结束温馨茶话会。

2. 中英街亲子游

幼儿开始对中英街有初步的印象，有的幼儿迫不及待地为大家介绍中英街的景点；有的幼儿想走进中英街，寻找同伴所说的景点、零食。于是，大家共同观看了《中英街宣传片》，教师播放收集到的中英街各景点的照片和印有图标的图片，与幼儿进行讨论。

中英街居民茶话会

选出特色景点

幼儿 J：这是中英街界碑，这里的故事我知道。

幼儿 K：这上面有个东西是什么？

幼儿 L：应该是标志，就跟交通安全标识作用一样。

老师：你们试试根据景点找到相对应的图标。

幼儿 J：我们要设计一个中英街的游戏。

幼儿 L：像找宝藏一样。

老师：那你们就动手画一画你们所想的游戏吧！

幼儿和教师共同设计亲子游的路线图，教师将幼儿的设计图制作成任务卡。任务为探秘中英街的 5 个旅游景点，并用自己喜欢的方式（照片、文字、符号等）进行记录。

家长分享：当地人民风俗习惯。

幼儿设计图

幼儿分享：任务卡以及与父母同游中英街的感受。

3. 评价反思

基于学的反思：

在茶话会的轻松氛围下，幼儿能更加自在地表达自己的想法，从而引发了更深层次的问题讨论。然后带着新的问题，我们通过中英街亲子游这一活动，亲临现场搜寻问题的答案。这两个活动，更好地发展了幼儿的问题思维和探究能力。

基于教的反思：

教师在活动中起着穿针引线的作用，将幼儿的想法贯穿起来，然后再以此为依据引导幼儿进入下一步的学习，更好地成为幼儿探究活动中的引导者。

（三）探究制作

1. 有趣的图标

幼儿在亲子游的时候发现一个现象：中英街里全都是商店，而且这些商店里有各种各样的东西，零食、日用品、化妆品、药品都能买到。于是他们展开了讨论。

幼儿 D：店里的东西太多，不好找。

幼儿 E：我们去买东西时都要问售货员。

幼儿 F：我们做标识吧，像交通标识那样，就可以看清楚了。

幼儿 D：到底要做什么呢？

教师讲述故事《小鼹鼠城市迷路记》，提问：小鼹鼠为什么会迷路呢？（答：看不懂图标。）幼儿讨论不能像小鼹鼠那样，我们不仅要学会看，还要学会用图标。于是又开始讨论怎么设计图标。

幼儿 E：可以给店里的东西分类，挂上大的图标。

幼儿 D：颜色要清楚，像马路上的工人叔叔穿的反光衣服那样。

幼儿 E：要用我们认识的图。

教师带着幼儿认识图标，幼儿在已有经验的基础上进行设计和制作。

2. 趣味地图

中英街亲子游让幼儿开始熟悉这条古老的街道，中英街已成为幼儿每天聊天的话题，他们喜欢谈论每个景点所在的位置。有的幼儿熟记店铺名称；有的幼儿细数街道；有的则细致地从进中英街大门开始回顾景点和店铺。

幼儿 M：这么多的地方，我都记不住了。

幼儿 N：那怎么办？

幼儿 O：在纸上画下来。

幼儿 M：太乱，做地图吧，像我们的中国地图那样。

认识图标

幼儿绘制图标

幼儿用轻黏土制作图标

创意图标展示

　　幼儿开始制作地图，有的自己画，有的选择和同伴合作完成。在设计的时候，幼儿讨论如何能让别人看明白地图所画的位置。

　　幼儿 M：地图就像拼图一样，有形状的。

　　幼儿 N：要画一条路，别人才知道怎么走。

　　幼儿 O：还要把景点画出来。

　　幼儿按照讨论出的想法绘制地图，分享成果。

小组绘制地图路线

小组展示路线图

3. 变废为宝

收集废旧材料，利用废旧材料制作自己的作品是幼儿日常最喜欢的活动之一。天马行空、创意无限的幼儿用从日常生活中收集来的材料在美工区进行创作；教师给幼儿介绍胶枪、刻刀等工具的使用方法，使用过程中关注工具的使用安全。

教师分享了很多利用废旧材料制作的手工作品，幼儿也用带来的废旧材料制作了许多喜欢的手工作品。

幼儿利用纸皮进行手工制作　　　　　　　　幼儿制作警世钟

4. 制作旅游线路模型

回顾分享幼儿之前完成的调查表以及中英街代表景点的投票结果，与幼儿一起梳理了解中英街的历史景点以及象征性的商品店铺。幼儿讨论如何将大家的作品组合成立体的旅游路线模型。

幼儿 J：界碑、古井、炮台、古榕树景点按顺序摆好。

幼儿 K：最大的商店放这里。

幼儿 L：不能乱摆，要先画图。

老师：你们先试一试设计路线图吧，记得画上相应的图标哦！

幼儿进行路线图的设计，互相分享路线图，并说出自己路线图的最大亮点。师幼将路线图展示在墙面上，由幼儿评价和投出心目中的最"优"路线图。

由于中英街的特殊管理，进入需要提前预约，换取通行证。幼儿尝试角色扮演游戏"我来当导游"，他们用学过的身体造型进行各种模仿。

模仿通关口、安检　　　　　　　　大炮

最后制作旅游路线模型。选取三幅幼儿自制最"优"路线图，在教师的指导下开始制作路线模型的底板。幼儿利用废旧材料以及美工材料制作立体建筑物模型，配合路线模型的底板以及中英街街景图片，将自己完成的以及和家长一起完成的立体建筑物模型进行拼贴，完成最后的中英街旅游路线模型并展示。

幼儿绘制模型　　　　　　　　　幼儿刷模型板

教师与幼儿定点模型　　　　　　旅游路线立体模型

5. 评价反思

基于学的反思：

幼儿在沉浸式探究活动中，深入了解了中英街的历史文化背景和独特风貌，并将废旧材料变废为宝，制作了中英街特有建筑物的模型，最后用这些建筑物搭建了中英街的旅游路线模型。活动层层递进，幼儿在实际操作中进行探究，更好地发展了动手能力、合作能力以及观察能力。

基于教的反思：

教师把握适当的时机，为幼儿创造条件，支持并鼓励幼儿进行合作，并在他们合作的过程中给予一些简单的关系协调。

（四）汇报展示

1. 情景表演

首先，幼儿通过与教师讨论确定剧本；其次，幼儿用绘画涂色等方式布置自己的摊位，与教师一起制作道具、用品；最后，他们开始进行自编自导自演的尝试。

幼儿与教师共同讨论剧本

幼儿布置摊位

幼儿与教师一起制作所需材料

幼儿扮演摊位老板

幼儿和教师一起创编剧目、制作道具，热闹的集市剧场在幼儿园内上演。在正式演出的环节，幼儿分工明确，有总导演、演员、音乐导演、服装导演等，孩子们各司其职，确保演出有条不紊地顺利进行。

幼儿表演剧目

2. 评价反思

基于学的反思：

幼儿对情景表演和角色扮演是非常感兴趣的，在此活动中他们和同伴、教师共同商议剧本，制作表演道具，积极地投入表演，大胆地联系日常生活经验丰富表演内容；与同伴相互合作表演，运用语言、表情、神态等表现故事内容。表演游戏不仅能锻炼幼儿的人际交往能力，对创造力与语言能力的培养和发展也起着不可低估的作用。

基于教的反思：

教师应该为幼儿创设良好的环境和条件，促进幼儿语言交往的主动性；采用多样的活动方式激发幼儿参与游戏表演的积极性。还可以通过各种方案教学让幼儿自由讲述，并与同伴互相学习交流，这些都能成为促进幼儿语言交往能力的绝佳机会。

二、项目反思

"中英街创意旅游设计"是结合盐田本土文化和幼儿身心发展特点，适合在幼儿园开展的项目式学习。

在整个项目式学习开展过程中，幼儿始终兴趣浓厚，积极参与其中，在不断探究的过程中又生发出新的兴趣点。从刚开始对中英街只有初始印象，到真正地体验感受中英街，再到通过不同的途径动手制作他们心中的中英街，这一系列的项目式学习，由浅入深，形式多样。幼儿园和小学有所不同，在整个项目式学习过程中，我们以时时变化的幼儿探究点为教育契机，更注重趣味性、探究性和幼儿主观能动性。孩子们用自己独特稚嫩的方式，表达着对中英街这一古老历史街道的理解。

作为教师，我们在和孩子们共同探究的过程中，也深深受益。我们在不断的观察中，敏锐地捕捉到孩子的兴趣点，用科学适宜的方式鼓励孩子去更好地探究项目。

家长是项目式学习过程中必不可少的协助者，也应全程参与其中。前期的调查、中期的中英街亲子游、后期的动手制作，甚至汇报展示等，都需要家长、幼儿和教师三方合力完成。许多家长在项目式学习过程中都反映，和孩子的关系因为共同参与探究变得更加紧密了，多了许多共同话题，孩子也乐于回家分享自己的新发现。

三、项目评价

（一）评价观

评价就是价值判断。项目式学习的中国特色建构需要价值观作为灵魂。项目式学习旨在协助幼儿还原真实世界的本来面貌，同时培养幼儿开阔的视野、广阔的人生价值格局。本次项目式学习建构基于深切的社会关怀，以此为幼儿打开一扇沟通过去、现在和未来的窗口。在这个过程中，教师致力于进行个性化的适宜性指导，让每位幼儿都成为心智自由的学习者，这样便是一次优质的项目式学习。

（二）评价工具

项目式学习采用了过程性评价量表和结果性评价量表作为评价活动的工具。（见第三节附录工具《聚焦问题评价量表》《方案设计评价量表》《解决问题评价量表》《终结性评价量表》）

附　录

附录 1：评价量表

表 1　聚焦问题评价量表

评价项目	分值评定			小组评定	教师评定
	15—20 分	10—14 分	10 分以下		
明确任务	对导入学案中的资料内容熟悉理解，并非常清楚布置的任务	对导入学案中的资料内容全部了解，并清楚布置的任务	对导入学案中的资料内容大致了解，大概知道布置的任务		
提出问题	能基于任务有针对性地提出 3 个及以上的问题	能基于任务提出 2 个问题	能基于任务提出 1 个问题		
聚焦问题	在多个问题中聚焦小组感兴趣的问题	在 2 个问题中聚焦小组感兴趣的问题	聚焦 1 个问题		
小组讨论	组员团结一致，分工合作良好，积极发表自己的意见	组员较团结，能分工合作，简单发表自己的意见	组员有分工，个别组员能发表自己的意见		
合作态度	认真听取同伴的意见和观点，遇到困难能一起克服	能听取部分同伴的观点，不能接受时会说明理由	不能听取同伴的意见		
总分					

表 2 方案设计评价量表

评价项目	分值评定			小组评定	教师评定
	15—20分	10—14分	10分以下		
制订计划	计划由全体组员制订，小组通过讨论得出最佳方案。最终的计划内容步骤清晰，拥有较高的可操作性	计划由部分组员制订，小组讨论后得出方案。最终的计划内容步骤清晰，拥有一定的可操作性	计划由少数组员制订，小组讨论后的方案步骤简单，缺乏可操作性		
图画设计	合理地设计了文字和图画说明，对设计结构的表述条理清晰	设计了文字和图画说明，但说明比较混乱，缺乏条理	缺少文字和图画设计		
小组合作	小组长组织能力强，组员积极配合，团结合作，分工合理，学习积极	小组成员分工基本合理，各成员能完成自己的任务	小组缺乏分工，出现一人包办现象，各成员不能很好地完成任务		
资料整理	能够通过各种途径获得所需信息，将收集的资料进行有效的整理	能够通过某些途径获取所需信息，能对所收集的资料进行简单的分类整理	能够通过一些途径简单获取信息，资源分类和整理清晰度不够		
方案修改	在小组合作下出色完成任务，通过小组讨论得出新的想法，进行方案修改	在小组合作下基本完成任务，能达到预期目的，进行方案修改	小组学习任务完成比较差，只对方案进行少量修改		
总分					

表 3　解决问题评价量表

评价项目	分值评定			小组评定	教师评定
	15—20 分	10—14 分	10 分以下		
学习态度	小组成员能积极投身于活动，主动提出想法，勇往直前，不怕困难	小组成员能积极投身于活动，提出想法	小组成员能投身于活动，但有畏难情绪		
合作交流	成员间能主动合作，认真倾听他人观点，对班级和小组的学习做出积极贡献	成员间能合作，倾听他人观点，对班级和小组学习有贡献	成员间合作较少，偶尔倾听他人观点		
学习技能	活动方案构思新颖，在老师或家长协助下会用 3 种及以上的方法收集、处理信息，实践方法多样	活动方案构思有一定的新颖性，在老师或家长协助下会用 2 种方法收集、处理信息，实践方法多样	活动方案构思缺乏新颖性，会收集、处理信息，实践方法较单一		
实践活动	成员能积极参与制作，能够针对任务主动准备材料并在制作后收拾材料	成员能主动参与，大部分成员能准备材料并在制作后收拾材料	成员能较主动地参与，少部分成员准备材料		
实验记录	及时完成记录，成果有新意	及时完成记录，成果有一定新意	能完成记录，成果缺少新意		
总分					

表4 终结性评价量表

评价项目	权重	得分
1. 目标明确，能解决任务中的问题	10	
2. 活动过程真实可信，全面完整	20	
3. 涉及的问题研究方法科学合理	20	
4. 项目具有特色，亮点突出，富有新意	20	
5. 幼儿收获丰富，体会深刻，已掌握相关知识与技能	20	
6. 幼儿展示时语言表达清晰准确，过程中团结合作	10	
总分		

附录2: 项目式学习中所使用的调查表

表1 "中英街初印象"调查表

我的姓名: 班级: 日期:

问题	记录
你知道中英街在哪里吗？	
你去过中英街吗？	
进入中英街需要做什么准备？	
你知道哪些关于中英街的故事？	
你知道哪些中英街内的著名景点？	
中英街的传统习俗有哪些？	
中英街的特色美食有哪些？	

备注: 教师提问，幼儿用自己喜欢的方式进行记录。

表 2　"中英街印象"电话访谈表

被访人：　　　　　　　记录人：　　　　　　　日期：

问题	记录
你去过中英街吗？	
你去中英街做了什么？	
你在中英街购物过吗？	
你喜欢中英街吗？为什么？	
你觉得中英街有哪些特别的地方？	
你常去中英街的哪些地方？	
你了解中英街的历史吗？	

表 3　"中英街印象"路人采访表

路人：　　　　　　　记录人：　　　　　　　日期：

问题	记录
中英街里面的店铺都有哪些种类？	
在中英街你喜欢买什么？	
有没有常去购物的店铺？	
中英街有特色美食吗？	
中英街的美食中你最喜欢什么？	
中英街里面有没有特别值得推荐的美食店？	

表 4　中英街影像记

备注：幼儿可用绘画、剪贴画、照片等方式记录下中英街的特色美食、店铺等。

表 5　"中英街的过去和现在"调查表

班级：　　　　　　　姓名：

时间	通行方式的变化	街道的变化	居住人口的变化
过去			
现在			

你眼中的中英街（可用绘画或照片形式，辅以文字表示）：

案例四　沙头角海滨栈道美化设计——便民设施创想 *

项目方案

一、课程名称

沙头角海滨栈道美化设计——便民设施创想

二、适用年级

幼儿园大班

三、总课时

2 个月

四、涉及领域

艺术、科学、社会、语言、健康

五、课程简介

沙头角海滨栈道是一条位于广东省深圳市盐田区的海滨绿道，全长 19.5 千米。沙头角海滨栈道自建成开放以来，就成为盐田区的一道靓丽的风景线，更是深圳人民的"后花园"，每天有很多人慕名来休闲健身、欣赏风景。通过观察，不同年龄段来游玩的人有不同的需求。怎样才能满足人们个性化的放松、休闲需求，是本项目的切入点。本项目引导幼儿实地考察木栈道现阶段设施设备、游玩人群，在整合原有经验和技能的基础上设计更加丰富多彩的景观设施，最后通过实际作品呈现，在"试用"中调整优化，发展幼儿独立思考、动手解决问题的能力。

---

　　* 本案例由深圳市盐田区实验幼儿园提供，李雪梦、黄静璇、姜可敏、裴琴琴、张华共同执笔。项目主要成员有刘雪芳、李雪梦、黄静璇、姜可敏、裴琴琴、张华、吴吉儿、余翠玲。

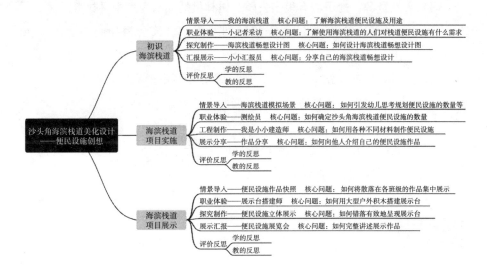

六、课程资源分析

（一）幼儿园资源

（1）师生同伴资源：我园教师有过项目式学习的指导经验，幼儿间也有着丰富的工程制作经验。

（2）我园拥有专业的儿童图书馆，和盐田区图书馆的馆藏可以互通交流。

（3）幼儿园教室设有工程材料区、美工区，园所内设有美工坊、陶艺坊、木工坊，为幼儿进行工程探索提供资源保障。

（4）幼儿园课室资源：幼儿园的美工坊、木工坊、陶艺坊都是幼儿工程探索的场地资源。

（二）园外资源

（1）图书馆：我园临近盐田区图书馆，那里有丰富的书籍资源和大量的电子信息资源。

（2）博物馆：深圳博物馆里有丰富的建筑工程类资源，供幼儿实际参访学习。

（3）社区资源：我园比邻沙头角海滨栈道，有大量的社区资源供小朋友参访学习。

（4）自然资源：盐田区有很多公园、树林供幼儿从自然中寻找资源。

（5）家长资源：为了保证课程的顺利开展，家长会为我们的活动提供支持。

（6）项目式指导工作室：为了让项目式学习高质量完成，区教育部门为我们提供了项目顾问，指导我们顺利开展此次活动。

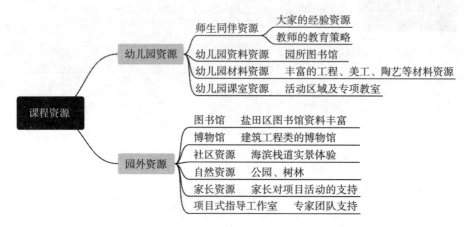

七、课程目标

（一）五育并举

1. 德育

（1）体会木栈道设计者的艰辛，珍惜自己的海滨木栈道设计成果。

（2）通过设计增加对盐田木栈道的了解，激发对家乡的热爱之情。

2. 智育

（1）在设计木栈道的过程中获得直接的学习经验，在与他人分享的过程中，培养语言能力、逻辑思维能力。

（2）激发幼儿对自主探究设计的兴趣，进而提高幼儿解决问题的能力。

3. 体育

（1）在实地考察的过程中，增加幼儿外出活动的机会。

（2）以游戏的方式增加体育锻炼。

（3）发展幼儿的基本体育动作。

4. 美育

（1）通过绘制图表、绘画，发展动手设计能力。

（2）提升感受美、欣赏美的能力。

5. 劳育

（1）掌握劳动的方法。

（2）体会劳动的艰辛。

（二）关键能力

1. 解决问题能力

在海滨栈道项目落实的过程中，幼儿通过"初步认知—反复实践—再次反思—不断应用"的循环学习过程，锻炼解决问题的能力。

2. 职业能力

在"小记者采访""测绘员""我是小小建造师"等活动过程中，幼儿体验记者、测绘员、信息采集收纳员、设计师、工程师等不同职业。

3. 创造创新能力

在活动中，激发幼儿大胆创新的思维，让幼儿对海滨栈道的设计进行自由构想，探索使用不同的材料进行各种工程制作，提高创新能力。

4. 团队协作与沟通能力

在活动中，幼儿以团队为单位畅所欲言，提高与同伴沟通的能力。

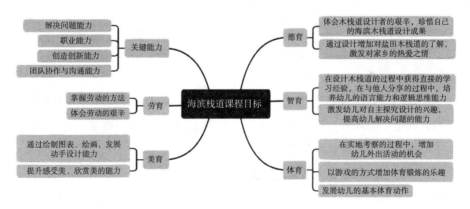

八、活动安排

（一）课程设计意图及实施过程

我园的培养目标是将幼儿培养成一个有想法、有主见的学习者，会发现、善求解的探索者，充满爱、懂环保的协作者，有热情、能坚持的钻研者。结合 STEM 课程核心概念，我们将海滨栈道作为研究对象，将理念和实际需求相结合，培养幼儿发现问题、解决问题的能力。

首先，我们向幼儿抛出几个问题：你了解沙头角海滨栈道吗？海滨栈道有哪些便民设施？通过对现阶段便民设施的了解，激发幼儿自主设计海滨栈道的兴趣。

其次，确定"沙头角海滨栈道美化设计——便民设施创想"的核心问题：如何运用各种不同的材料制作便民设施？工程实施过程中运用项目式学习方法，创设真实问题情境，以问题驱动思考，引导幼儿在项目实施过程中解决问题，回到情境中解决现实问题，完成海滨栈道的整体规划和设计。

最后，从"未来取向的评价"入手，注重对幼儿核心素养发展的评价。评价由师幼评价、幼幼评价共同组成，强调项目过程评价，包含幼儿活动积极性、参与度、资料搜集能力、社交能力、动手操作能力等多个评价维度。

幼儿在这个过程中能对沙头角海滨栈道的美化产生更深入的想法和认识，并逐渐成长为一个有想法、有主见的学习者，一个会发现、善求解的探索者，一个充满爱、懂环保的协作者，一个有热情、能坚持的钻研者。

（二）课程实施时间安排及说明

1. 课程完成时间段及主要任务如下图所示

2. 关于课程实施的关键词

（1）一日活动

一日活动：项目式学习贯穿幼儿一日生活（自早上入园进入班级至下午离园）的每一个环节，重点体现在上午的区域活动、户外活动、餐前团讨，下午的户外活动、明日希望等环节。

区域活动：利用蒙氏教具进行高结构的学习和练习，从而让幼儿在五大领域得到全面的学习和锻炼。这段时间幼儿可以在不同区域进行探索，在美工区、建构区进行创作和讨论。

户外活动：幼儿可以自由在户外进行创想和建构。

餐前团讨：幼儿可以将自己的半日收获和同伴一起分享，也可以就自己

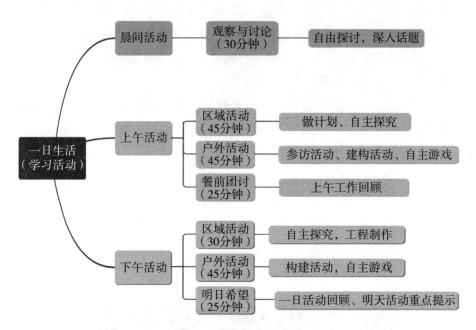

的创意构思进行演讲，为其他幼儿的创意和构思提供素材和灵感。

明日希望：放学前分享活动，幼儿可以将自己的一日收获和同伴一起分享，启发幼儿寻找更多的素材，为课后延伸活动提供新的思路和方向，并为放学后的活动做计划。

（2）项目式学习实施关键词

计划：计划分为每周计划和每日计划，根据课时要求，和幼儿开展相对应的活动，具体操作如下：

为幼儿提供笔和计划本。每天团体讨论后，幼儿记录自己的计划（也允许幼儿在晨间活动时记录）；大班教师可在每周五告知幼儿下周主要活动内容，请幼儿为自己制订一周的大致计划。为幼儿（特别是中、大班幼儿）提供餐前、放学前对计划进行反思的机会，让幼儿回忆计划是否完成、实际活动与计划有什么不同、调整计划的原因等。

自选：除集体或分组教学任务外，教师须根据目标制定五大领域（数学、语言、科学、艺术、社会）一周内的必学知识（或必须参加的活动），允许幼儿在一周时间内自选时间参与或操作，教师进行统计或幼儿自己在总表中记录。

走班：项目式学习是根据班级具体学习进度和兴趣点持续进行的，每个班级的项目及进度不同。每个月最后一周的周五，为全园幼儿提供去其他班级体验学习一小时的机会。

家长助教：充分利用家长资源，采取家长自愿报名参加、承担自己擅长的教学活动的形式，允许家长在教学时间参与班级的项目式学习。

（三）课程框架

1. 课程推进线索

（1）初识海滨栈道——提出问题，筛选方法；

（2）海滨栈道项目实施——聚焦问题，探索解决问题；

（3）海滨栈道项目展示——汇报展示。

2. 课程实施框架

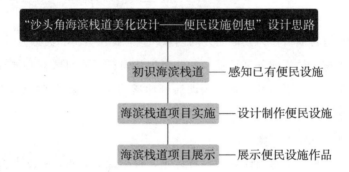

项目实施

一、项目实施过程

（一）初识海滨栈道

1. 情景导入——我的海滨栈道

和孩子们一起回顾我们的沙头角海滨栈道是什么样子的。通过前期经验，回顾探讨现阶段海滨栈道都有哪些设施，这些设施有哪些用途，从而引发孩子们对创新便民设施的兴趣。

幼儿 A：我发现这里有很多圆形盖子，上面画着好看的海豚，妈妈说这里藏着地下管道，可以排放废水。

幼儿 B：这里有救生圈，如果有人不小心落水，可以救人。

幼儿 C：这是饮水机，人们口渴了可以来喝水。

老师：你想为沙头角海滨栈道设计什么样的便民设施呢？这些设施会被大多数人需要吗？

经过商量，孩子们决定化身小记者，到海滨栈道进行实地采访。

幼儿在海滨栈道发现各种便民设施

2. 职业体验——小记者采访

准备好"记者证"，在预先演练好各种问题后，幼儿走上街头，在教师、家长的看护下进行采访。问问身边正在使用海滨栈道的人对栈道便民设施有什么需求，为接下来自己的创想提供依据。

幼儿 E：阿姨您好，您觉得沙头角海滨栈道可以增加哪些便民设施？

幼儿 F：阿姨，您觉得增加一个跑道怎么样？

将收集来的信息逐一记录下来，为接下来的探究制作积累素材。

3. 探究制作——海滨栈道畅想设计图

根据海滨栈道小记者采访活动的结果，结合采访素材，幼儿大胆使用各种不同材料进行设计畅想。从初期简单的纸张线描设计，到后来尝试用色彩丰富的水彩、水粉进行设计，幼儿始终秉承着多种材料探索的理念，尝试用多维度的材料绘制设计图。

幼儿初次制作设计图

幼儿运用多种材料制作设计图

4. 汇报展示——小小汇报员

汇报展示环节分为两个部分。第一部分关于小记者采访活动，幼儿用表格、绘画的方式收集采访的信息，收集过后又通过统计来确定大部分游客对便民设施的需求。第二部分是设计图展示，幼儿可以将自己的设计理念、设计成果和大家分享。

幼儿统计自己收集的信息

5. 评价反思

基于学的反思:

活动从幼儿身边的海滨栈道出发,因为熟悉,所以引发了幼儿极大的兴趣。在原有海滨栈道便民设施的基础上,幼儿进行了大胆的构思和创想。在创想的过程中,幼儿通过小记者职业体验、成果汇报等方式锻炼了与他人交往的能力;在探究制作方面,幼儿从简单的线条设计,到探索用多维度的材料进行设计,发展了思维能力,学习从多种角度思考问题。

基于教的反思:

项目式学习中,教师能够从幼儿的角度出发,找出幼儿的兴趣,通过情景导入的方式带动幼儿将已有经验导入对便民设施的创想。在落实过程中,教师作为参与者,和幼儿一起大胆讨论,推动主题按照课程进度有效发展。在实地采访前,教师预测幼儿可能遇到的困难,提前进行梳理、练习,为幼儿的实地采访保驾护航。在孩子们顺利的项目进展中,都能看到教师有心为之搭桥的印记。

(二)海滨栈道项目实施

1. 情景导入——海滨栈道模拟场景

教师在模拟场景下,和幼儿一起畅想设计出的海滨栈道被人们使用的情形。在场景模拟下引发思考:海滨栈道需要多长的跑道、多少个朗读亭和狗狗排便设施呢?

2. 职业体验——测绘员

于是幼儿变身测绘员,利用已有经验,拿着尺子在海滨栈道测量一段栏杆的长度,然后通过点数栏杆的段数,获知海滨栈道的大约长度,根据长度确定朗读亭、狗狗排便设施的数量以及跑道的长度。

3. 工程制作——我是小小建造师

根据实地测量,幼儿发现沙头角海滨栈道特别长,便民设施的数量需要很多,

幼儿到海滨栈道测量栏杆

于是幼儿分小组制作各种不同的便民设施。为了体现便民设施造型的多样化，大家的设计想法层出不穷。从一开始简单的材料运用，到后来多样化原生态环保材料的运用，孩子们的思考不断发散。随着一个个工程项目的推进，幼儿的制作技能也变得越来越娴熟。

栈道项目的作品起初以平面为主，而有的幼儿将平面设计逐步向立体化过渡后，在同伴的启发下，更多的幼儿设计出别具一格的立体作品。

幼儿设计的跑道模型

幼儿 A：立体跑道很特别，但是搬运起来不方便。

幼儿 B：我们可不可以使用黏土呢？颜色和积木一样多。

幼儿 C：黏土做好了会粘在一起，做成章鱼样子的时候，脑袋总是会变形……

幼儿遇到了很多制作方面的问题，他们去请教美术老师有没有好的解决办法。

美术老师：我们是不是可以把黏土想象成七彩的外套，将你需要使用的物品包裹起来，这样一来里面是不是就需要骨架支撑了？

听了美术老师的建议，幼儿设计出各种版本的黏土章鱼跑道作品。

幼儿探索制作不同版本的跑道

　　朗读亭制作的过程，更是充满了探索的乐趣。幼儿先从美工区、建构区选择材料，雪糕棒、砖块是孩子已接触过的材料。在制作过程中出现的最大挑战是怎样将这些材料有效地粘贴在一起。幼儿一开始使用白乳胶，后来使用米粉作为黏合剂。由于工程制作比较复杂，搭建时亭子顶部比较重，幼儿不得不进一步思考怎样让建筑物更加牢靠。

幼儿探索制作木制朗读亭

朗读亭顶部结构搭建探索

　　经过反复尝试和探索，幼儿终于完成了木制和砖制朗读亭的搭建。

　　在故事《三只小猪》的启发之下，孩子们开始探索更多的自然材料。有小朋友提议用树枝、石头等不规则的自然材料进行搭建，于是就有了下面的探索。

捡拾干枯的小树枝制作朗读亭

利用各种碎石制作朗读亭

有了朗读亭的制作经验，在狗狗排便便民设施的制作中，幼儿发散思维，找到了更多的自然材料。

利用身边各种自然材料制作狗狗排便便民设施

4. 展示分享——作品分享

制作成功后，幼儿汇报分享自己的作品：

幼儿 A：这是我们小组的狗狗便便处理设施，它可以吸引很多的小朋友。

幼儿 B：这是我们做的章鱼跑道，里面用了……

幼儿 C：这是我们做的木制朗读亭……

老师：你们想不想让更多的小朋友了解你们的这些便民设施呢？

听了老师的建议，孩子们有了更大的计划，想做一个盛大的展示，于是就有了接下来的展示环节。幼儿从材料、功能、制作难点等方面介绍了自己的作品。

幼儿分享展示自己的作品

5．评价反思

基于学的反思：

幼儿经过前期的走访调查、后期的资料查阅，了解到项目作品的制作方向，通过动手制作、亲身体验，发现问题、解决问题，最终成功地完成了作品，收获了成功的喜悦。

基于教的反思：

在工程作品制作的过程中，教师发现幼儿知识经验的不足，比如在资料查阅方面有所欠缺。教师提前进行了预设，为幼儿提供的很多其他项目的照片、故事的迁移启发，都为幼儿后续的制作打开了思路。在制作过程中，幼儿面临立体跑道塑形困难、朗读亭屋顶太重无法支撑、黏合剂黏性不同等问题，并在教师的支持下，最终找出了对应的解决办法。教师真正地退到幼儿成功的幕后，在幼儿看不到的地方，为其搭起支架。

（三）海滨栈道项目展示

工程制作结束后，幼儿显得格外开心，他们让心中的想法、概念落地后，看到了具体的实物，迫不及待地想和身边的人分享。

1. 情景导入——便民设施作品快照

海滨栈道活动在幼儿园开展后，大量的作品存放在各个班级中，幼儿用快照的方式收集了这些作品。这么多作品，怎样将它们集体展示出来呢？

幼儿 A：可以把它们都放到美术室。

幼儿 B：那样只有很少的小朋友会看到。

幼儿 C：我想让全幼儿园的小朋友都知道我们的创想。

幼儿 D：我们可以到每个班级里去介绍。

老师：作品这么多，搬来搬去不方便怎么办？

幼儿最后决定找一个固定的地方，最好是全园小朋友都经常经过的地方进行展示。于是他们决定在一楼大厅搭建一个作品展示台。

2. 职业体验——展示台搭建师

幼儿运用户外大型积木组，尝试搭建展示台，以便同学在每天上学放学的时候观看他们的作品。

展示台搭建

3. 探究制作——便民设施立体展示

在前期的搭建活动中幼儿已经有过类似的展示台搭建经验，但是在搭建完毕后发现，所有的作品好似在一张桌子上铺开，看起来没有层次。

幼儿 A：你们看外面的节气角，有的东西可以摆在地上。

幼儿 B：节气角里有的东西放在高的地方，有的放在矮的地方，我们可不可以也这样？

于是幼儿尝试搭建多层展示台，像楼梯一样。

幼儿搭建的展示台

4.展示汇报——便民设施展览会

展示台搭建好后，围观的小朋友很多，每个小朋友对这些作品的理解都不一样。于是，幼儿决定派代表对这些作品进行讲解。开始的时候孩子们大都只分享自己制作的作品，每人讲解一部分，后来随着同伴之间相互介绍的增多，很多小朋友能够将大部分的作品讲解出来。

5.评价反思

基于学的反思：

幼儿在情境中发现将作品展示出来的需要，运用已有建构经验初步解决了展示台搭建的问题，在这里我们看到幼儿学会了技能和经验的迁移与运用。为了让更多的人了解他们的作品，幼儿轮流讲解自己的作品。讲解锻炼了每位幼儿的语言表达能力，同时幼儿之间也能够相互学习。

基于教的反思：

这一次的活动中，教师会在幼儿材料受限的时候给予物质上的支持。在表达方面，幼儿介绍时都只说自己比较熟悉的内容，最后采用了轮番解说的形式来打破介绍不全面的情况，既满足了每位幼儿表达的愿望，又减少了幼儿在不熟悉的作品面前的畏难情绪。在幼儿互相介绍自己熟悉的作品的过程中，我们发现大家最后对所有作品的特点都很熟悉了，达到了相互学习、共同成长的效果。

二、幼儿作品及评价

项目	作品	发展脉络	综合评价
设计制作朗读亭		通过团队合作完成朗读亭的设计，包括朗读亭的规模、数量和位置。在优化设计过程中，收集各种适合搭建朗读亭的半成品材料与自然材料，制作朗读亭	运用几何学、空间知觉、数学、艺术等方面的技能，通过绘制设计图提高作图、色彩搭配等绘画能力。运用各种材料、工具进行创作，提高了动手能力。合作中增强了沟通表达能力，提升了自信心和成就感

（续表）

项目	作品	发展脉络	综合评价
设计制作动物排便设施		团队合作完成动物排便设施前期设计，清晰地用图文并茂的形式展示。实地考察、查阅资料，完善动物排便设施的设计稿，分小组合力制作完成	通过查阅资料、同伴分享、询问成人、亲身动手制作等过程，设计出各种动物排便设施，发展了想象力、创新思维能力与动手能力

（续表）

项目	作品	发展脉络	综合评价
科学探究海滨跑道		幼儿根据实际考察情况制订海滨跑道设计方案，现实与创想相结合，设计出不同风格的跑道	学会以实地考察、查阅资料相结合的方式对跑道情况进行调查，激发幼儿设计跑道的兴趣

三、项目评价

（一）评价观

建立能够促进幼儿全面发展的评价体系，发现和发展幼儿多方面的潜能，帮助幼儿认识自我、建立自信；发挥评价的教育功能，使幼儿在原有水平的基础上有新的发展。

（二）评价内容和手段

1. 成长故事

在一日生活教育中，教师随时利用照片、视频、纸笔记录的方式捕捉幼儿的成长瞬间。

2. 成长手册

家园联动，对幼儿在园里园外的发展进行沟通和存档。

3. 观察记录

观察幼儿的活动，从中分析评价幼儿各方面的发展水平、兴趣取向，以便对需要进一步发展的能力进行记录和后续分析。

4. 评估报告

在一学期完整的教育阶段结束后，对整个教育目标的实现程度做出评价。

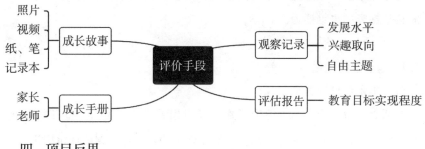

四、项目反思

（一）幼儿的收获

项目式学习聚焦与幼儿直接经验相关的真实问题，无固定步骤，但有核心逻辑体系，培养的是一种思维体系，帮助幼儿形成科学探究的思维能力，建构面向未来的能力。具备这样思维的幼儿，遇到生活中的困难，会想办法面对问题、解决问题；会将自己学到的东西运用到生活里。若幼儿同时还具备数学、工程、科学等技能，甚至可以通过自己的创造改变生活。

幼儿在活动开展的过程中探究、讨论，通过各种各样的方式回答问题、寻找解决问题的途径。在采访的过程中，幼儿的语言表达能力得到提升，自信心也不断增强。在绘制设计图的过程中，幼儿根据观察和实际经验，结合自己的想法，画出自己的设想。实际制作作品的过程，是幼儿把想法实践出来的过程，在这个过程里，幼儿可以拥有通过自己的双手把想法变成作品的体验。幼儿会在这个过程中，体悟到一种学习方式，形成一种思维能力，这指引着幼儿未来的生活。

（二）教师的收获

项目式学习为幼儿园教师开展教学活动提供了一个高质量的抓手，在活动开展的过程中，教师在倾听幼儿、引导幼儿上有了明确的方法和方向。在将活动细化为人文类、工程类、科学类后，班级开展的活动也更加全面。

项目式学习很重要的一部分是教师教学思维的转变，从教师主导转变为幼儿主导。信任幼儿，从心理和行动上真正地放手，适当给予幼儿支持，助力幼儿的潜能无限放大。

教师在项目式学习的过程中，与幼儿一同感悟和进步。教师首先学会了探究，才能带着幼儿探究和解决问题。教师在开展活动的过程中与幼儿一同形成科学探究的思维能力。

（三）项目优化

1. 基于学的优化

（1）丰富评价形式

在活动评价方面，丰富评价形式，利用相关量表进行评价。积极推进家园共同评价，让家长参与到幼儿的评价、教师的评价、课程的评价中来。

（2）开发适合中小班的活动

沙头角海滨栈道项目是基于大班幼儿的年龄特征开发的，在活动的过程中，中小班的幼儿也展现出对项目的兴趣。因此，未来我们希望可以进行混龄活动，将项目式学习推广给年龄更小的幼儿。

2. 基于教的优化

（1）开发课程资源

在活动过程中，幼儿园可以进一步开发利用家长资源、社区资源，带幼儿走出校园，到海滨栈道去观察、采访。学习离不开生活，项目式学习要基于生活与实际。

（2）拓展教学内容

在活动后续延伸部分，幼儿可以尝试探索不同地区的海滨栈道，比如红树林的海滨栈道、南山人才公园的海滨栈道。沙头角海滨栈道探索获得的知识和经验可以迁移到其他海滨栈道上，让幼儿了解不同区域的不同需求和设计。

附　录

附录 1：海滨栈道便民设施设计图

姓名：　　　　　　　　班级：

你设计的海滨栈道便民设施是什么样的？请画下来。

附录 2: 沙头角海滨栈道朗读亭设计图

姓名: _____ 班级: _____

1. 你观察到的沙头角海滨栈道是什么样的?

2. 你所了解的朗读亭是怎样的? 会给人们带来哪些好处?

3. 请小朋友在海滨栈道上设计自己喜欢的朗读亭。

附录 3: 沙头角海滨栈道跑道设计图

姓名：_____　　　　班级：_____

1. 你观察到的沙头角海滨栈道是什么样的？（绘画、照片）

2. 你看到了哪些不安全的行为？（照片、绘画）

3. 请小朋友画出心目中的跑道。

案例五　智慧小农民
——制作幼儿园自动灌溉系统*

项目方案

一、课程名称

智慧小农民——制作幼儿园自动灌溉系统

二、适用年级

幼儿园大班

三、总课时

2 个月

四、涉及领域

科学、社会、语言、健康、艺术

五、课程简介

深圳市盐田区教科院幼儿园通过项目式学习的形式开展各项活动,教师时刻关注幼儿的兴趣,根据幼儿的关注点,开展适合幼儿年龄特征的活动,帮助幼儿获得相关经验。"智慧小农民"项目来源于幼儿发现幼儿园小菜园里的菜经常会枯萎,大家辛苦的劳动没有结果,他们想解决这个问题。基于此,教师与幼儿共同开展了设计幼儿园自动灌溉系统的一系列探究活动。幼儿为小菜园设计的灌溉系统可以为假期的花匠减少部分浇花的工作。

---

　* 本案例由深圳市盐田区教科院幼儿园提供,邱志华、侯洁琳共同执笔。项目主要成员有邱志华、侯洁琳、李信、谢沁沁、陈娴、黄冰莹、吕斯雅、刘敏。

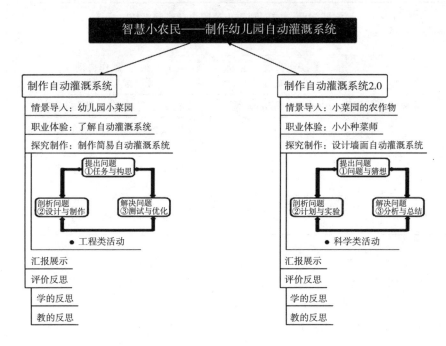

六、课程目标

　　劳动教育是实现全面发展教育目标的重要一环，在幼儿的发展过程中，劳动渗透在幼儿教育与生活的各个方面。劳动教育不仅可以帮助幼儿树立正确的劳动观念，培养基础的劳动技能，还可以教会幼儿尊重他人劳动成果，锻炼幼儿动手能力。劳动教育与体育、智育、德育、美育有着不可分割的联系。

　　劳动发生在一日生活中，是真正的生活教育。通过劳动，幼儿的心智将获得磨砺。劳动是锻炼幼儿思维，丰富幼儿思想，开启幼儿智慧的实践活动。学习将为幼儿有意义的劳动提供智力条件、知识背景以及理论支撑。劳动与幼儿园教育教学相结合，将有益于发挥劳动教育的功能，从而促进幼儿精神的良好成长。做好幼儿劳动教育，让幼儿在一日活动中自然地学习劳动技能，理解劳动知识，端正劳动态度，形成劳动观念，养成劳动习惯，帮助幼儿获得德智体美劳全面、和谐的发展，让幼儿爱上生活，为其终身发展奠定基础。本项目式学习的目标如下表所示。

实践问题：如何制作小菜园自动灌溉系统？		
类别	项目	
	制作自动灌溉系统	制作自动灌溉系统 2.0
S 科学	了解孔的大小和水流的关系	感受水流速度和时间的关系
T 技术	掌握架子的拼搭技巧	尝试画出墙面自动灌溉系统设计图
E 工程	掌握简单的固定方法	尝试用不同的方式连接塑胶管，制作自动灌溉系统
M 数学	掌握简单的记录方法，如一瓶水可以流多长时间	初步掌握测量的方法

七、活动安排

为了顺利解决问题，要精心设计并安排每个阶段的学习任务。每个阶段的学习任务包括：任务名称、活动目标、活动内容、实施要求、时间安排、预期成果等。引导幼儿把握探究、设计、制作、讨论等各个环节，进行阶段性任务的细化和具体化。通过核心问题，指导幼儿在解决问题过程中联系具体学科或领域的知识，尝试运用工程和设计思维，引导高阶思考和学习的发生。

任务名称	活动目标	环节名称	活动内容
制作自动灌溉系统	1. 了解什么是灌溉；2. 探索、制作灌溉系统；3. 对比、改良灌溉装置	情景导入	幼儿查资料，了解自动灌溉系统，进行小组或集体分享
		职业体验	实地到幼儿园小菜园观察
		探究制作	通过设计、动手操作，利用塑料瓶、器械组合，制作简易的自动灌溉系统
		汇报展示	向幼儿园其他小朋友介绍小菜园自动灌溉系统
		评价反思	幼儿：经过讨论、分享，反思如何完善自动灌溉系统 教师：根据活动情况反思活动是否具有适切性，及时调整活动难度，提供合适支架

（续表）

任务名称	活动目标	环节名称	活动内容
制作自动灌溉系统2.0	1. 制作不同高度的自动灌溉系统；2. 想办法将自动灌溉系统固定在墙面上；3. 了解孔大小不同对水流时间的影响；4. 尝试画出墙面自动灌溉系统设计图	情景导入	考察幼儿园花墙，讨论自动灌溉方案
		职业体验	通过实地观察，确定方案
		探究制作	通过尝试画出墙面自动灌溉系统设计图
		汇报展示	向幼儿园其他小朋友介绍自己的想法和设计
		评价反思	幼儿：经过讨论、分享，完善幼儿园小菜园自动灌溉系统设计 教师：在活动过程中，增加幼儿合作机会；尝试与幼儿共同将设计图制作出来

项目实施

一、实施过程

（一）情景导入

天气炎热，孩子们去户外的时候发现小菜园的菜苗苗由于周末没人照顾，已经被太阳烤得低下了脑袋。

幼儿 A：这些菜苗太可怜了，放假都没有人照顾它们，它们肯定好渴。

幼儿 B：要是我们能做出不用人浇水，自己就能一直浇水的东西，小菜苗们就不会那么难受了。

幼儿 C：我们可以查资料呀，然后我们一起动手做一个自动浇水的东西，这样周末也有人照顾它们了。

幼儿明确了要解决的问题——为小菜园制作一个自动灌溉系统。孩子们首先通过湿度计观察了小菜园的湿度，并做了记录。

幼儿观察湿度

（二）职业体验

1. 明确活动目标与内容

幼儿通过实地考察，确定了"智慧小农民——制作幼儿园自动灌溉系统"的目标是利用幼儿园的废旧材料为小菜园制作一个既可以浇花坛、花盆，又可以浇花墙的自动灌溉系统。

2. 制订计划

说干就干，孩子们开始查找资料。他们把想法告诉园长阿姨，园长阿姨推荐他们看一个泰国的公益广告，广告的内容是：一对泰国的贫苦母女想种出豆芽拿到集市上去卖，换钱贴补家用，结果一次次的尝试都失败了，最后她们捡了很多矿泉水瓶，用针在瓶底扎孔，然后架在豆芽上方，持续不断地为豆芽注入水分，保持湿润，最终成功种出豆芽。

幼儿实地考察

孩子们看完这个视频受到了启发，开始讨论计划。他们通过查阅资料了解到，把塑料水瓶戳一个洞，就像打开了水龙头一样，水会一直流。孩子们开始了行动。

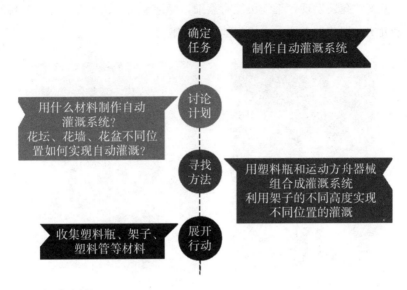

（三）探究制作

1. 任务与构思

幼儿从家里拿来了很多大可乐瓶，他们用图钉在瓶身扎了很多小孔，然后选择用毛线把瓶子绑在方舟上，绑了一个瓶子后，他们发现了问题。

幼儿 D：老师，以后我们每次浇水都要把瓶子拆下来吗？

幼儿 C：对呀，那太麻烦了，我们怎样才能不把瓶子取下来也能把水倒进去呢？

幼儿 E：我们可以在瓶子上面割一个口子，然后每次拿着瓶子往里面灌水就行啦。

这个提议得到了大家的认可，于是他们找到老师帮他们在瓶身上割一个方形的小口，重新把瓶子绑了上去。他们齐心协力将绑好的瓶子扛了出去，在小菜园找好位置架起来，老师帮助他们往瓶子里面注好了水，一个简易的灌溉系统就这样做成了。

幼儿将架子和水瓶组合放到小菜园，进行测试。

幼儿 D（站在旁边观察水滴下来的位置）：滴下来的水珠只能浇一个地方，不能让所有的花盆都浇到水。

幼儿 A：是呀，要是能有一个机器人帮咱们移动位置就好了。

幼儿 C：我还发现，毛线可能有点细，要是水太多、太沉，可能会断掉。

幼儿 E：那我们再选一个更粗的线来绑吧。

幼儿给瓶子开口　　　　　　　　　幼儿制作方舟

2. 设计与制作

发现问题后，孩子们开始总结问题，思考改进的办法。经过激烈的讨论，第二次制作的灌溉系统升级了，绑瓶子的毛线替换成了粗麻绳；方舟的底座换成大号的来起到稳定作用；瓶身的孔扎得分布范围更大，孔变得更小来限制水流速度。

幼儿测试灌溉系统

3. 测试与优化

本环节包括两个部分，第一部分，小菜园自动灌溉系统升级改造；第二部分，设计可以灌溉花墙的自动灌溉系统。

幼儿制作架子

（1）小菜园自动灌溉系统升级改造

小朋友对制作灌溉装置产生了浓厚的兴趣，他们不停地想着新的办法，比如：可不可以把喷壶的头接上去？可不可以把花洒接过来？

幼儿 A 回家跟家长说了他们遇到的问题：水流得很快，一会儿就没了。家长给孩子带来了很多输液器。

幼儿 B：老师，我知道啦！输液器可以调节水流的大小，我们把它像打针那样吊起来，插进小的花盆里，然后把水流调到最小，这样水就能一直滴一直滴，滴很长时间，植物就不会缺水啦！

孩子们组成一个小分队来制作第二代自动灌溉装置。孩子们收集了一些小的矿泉水瓶，然后遇到了难题——怎样把输液器的一头插进瓶盖里引流？老师给他们提了一个建议："美术室有热熔针，只要把它加热，对准瓶盖就可以钻出孔啦。"因为热熔针的温度太高，怕烫伤小朋友，所以这一步骤老师帮助孩子们完成。瓶盖钻好孔之后，孩子们接满了水，将调节器关掉，保证水不会流出来，然后把输液器的一头插进瓶盖里。

幼儿 C：可是怎样才能把瓶子吊起来呢？我们没有打针的架子，应该找一些绳子把它吊起来。

于是，孩子们移步资源库，找来了一些扎带、毛线、衣架。

他们按照想法开始制作，先把毛线紧紧地绑在瓶身上，然后把扎带穿过毛线，和衣架连接起来，最后找到合适的位置把衣架挂起来。

孩子们到户外寻找能把衣架挂起来的地方，最终选择了两个合适的地点：铁架的栏杆上、花架上。

孩子们为了比较是大孔瓶流水快，还是小孔瓶流水快，用同样的瓶子做好标记并进行观察，记录经过同样时间后，瓶中还剩下多少水，并画了记录图。

（2）设计可以灌溉花墙的自动灌溉系统

幼儿发现，现在的自动灌溉系统只能浇一个花坛的花，墙面的花还是浇不到。于是他们提出给墙面的花也设计一个自动灌溉系统的想法。

幼儿 A：我们需要量一下需要多高的架子。

幼儿 B：我们班上有尺子。

幼儿 A：可是我不会看尺子。

幼儿 B：没关系，我们用线来量，然后找一样长的塑料管就行了。

幼儿 C：我来做记录。

幼儿观察和记录墙面植物的情况

于是孩子们到幼儿园资源库找到了合适的塑料管，尝试固定在墙上，制作适合花墙的自动灌溉系统。

幼儿 B：我想把这个塑料管钻出孔，这样我在这里放一个瓶子，水就可以流出来了。

幼儿尝试固定塑料管

（四）汇报展示

幼儿将自己的作品介绍给幼儿园的老师、小朋友，得到了大家的肯定。

幼儿在制作自动灌溉系统的活动中，经历了发现问题、收集资料、解决问题、再发现新问题的研究过程。幼儿不仅获得了动手操作的机会，还通过解决水流过大，需要戳更小的洞来控制水流等问题实现了深度学习。

 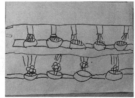 

幼儿设计图　　　　　　　　　　汇报展示

暑假期间，小菜园的植物在孩子们亲手制作的灌溉系统下健康成长。幼儿的作品在实践中得到了最好的检验和反馈。

二、评价反思

（一）基于学的反思：

1. 幼儿的学习状态

幼儿在面对真实生活中的问题时，主动参与集体活动，主动思考自动灌溉系统的构建，表现出饱满的积极性；愿意边做边学，有良好的创新意识和求异思维。

2. 整体能力表现

活动过程中，幼儿运用原有知识经验，发现生活中的问题，在解决问题的过程中，获得科学、工程、技术、数学等多方面的发展，在德智体美劳等方面，同样获得宝贵的经验和品质。

3. 遇到的困难

无论是探究的过程还是工程设计、制作的过程，对幼儿能力的要求都很高，教师提供合适的支架对活动开展来说尤为重要，否则会限制孩子将想法变为现实的程度。基于此，应该为幼儿提供更加丰富的材料和更多的时间、空间，供他们自由练习。

（二）基于教的反思：

1. 目标及教学具选择的适宜性

"智慧小农民——制作幼儿园自动灌溉系统"项目来源于幼儿的生活观察，目标划分为科学、工程、技术、数学四个维度，幼儿通过相应的探究活动达到目标。

2. 教学方式方法的适宜性

本项目强调多种学科知识和方法相结合，以问题为导向，通过问题引发幼儿的积极思考、深度学习，引导幼儿通过科学、工程、数学的方法解决问题。

3. 开放式引导等方面的适宜性

教师利用开放的环境、丰富的低结构材料、多角度的工具书，鼓励幼儿采用多种方式进行学习，综合参与观察、体验、记录、设计、创造、动手制作等活动，达到"做中学"的目标。

4. 对下一步教学的思考

由于自动灌溉系统支架利用了幼儿园体育器械，希望下次幼儿能利用其他环保材料搭建支架，完善自动灌溉系统。

附 录

附录 1：小菜园湿度记录表

时间	湿度
9：00	
12：00	
16：00	

日期： 年 月 日

附录 2：自动灌溉系统水量记录单

日期： 年 月 日

大孔瓶子 ——— 小孔瓶子 ……

附录 3：评价内容和手段

填写说明：在下列各项中填上合适的等级，满分为三颗星。由教师评价。			
情景导入环节			
评价内容	幼儿 A	幼儿 B	幼儿 C
清楚要解决的问题			
掌握查阅资料的基本方法			
对生活中的现象有兴趣			
职业体验环节			
积极参与体验活动			
能与同伴沟通，表达自己的想法			
探究制作环节			
能通过思考解决遇到的问题			
能画出设计图			
能通过分工合作完成任务			
能选择合适的材料制作			
汇报展示环节			
能用清晰的语言描述活动过程			
了解、体会同伴付出的劳动			
懂得欣赏他人的劳动成果			
幼儿访谈记录			
问题	回答		
你需要解决的问题是什么？			
问题有没有得到解决？			
你遇到了什么困难？			
同学是如何帮助你的？			
接下来你打算如何解决问题？			

附录 4: 家园联系表

时间:			姓名:		
一个月综评:					
月工作重点	项目式学习		情况		
	特色活动		情况		
	品德习惯		情况		
家长工作重点					
	活动内容	优秀	良好	仍需努力	说明
预设活动					
生成活动					
劳动技能			数学院		
家长反馈					

II 交通与旅游

案例一 盐田港立体交通——神奇的路桥[*]

项目方案

一、课程名称

盐田港立体交通——神奇的路桥

二、适用年级

幼儿园大班

三、总课时

2个月

四、涉及领域

科学、社会、语言、健康、艺术

五、课程简介

作为世界排名第一的集装箱运输大港，盐田港后方陆域港口配套用地仅

---

　*　本案例由深圳市盐田区实验幼儿园提供,李雪梦、谢苑君、梁莉莉、黄春月、黄小娜、黄琬珊共同执笔。项目主要成员有李雪梦、谢苑君、梁莉莉、黄春月、黄小娜、黄琬珊。

约 2.5 km²，在以公路为主导的港口货运交通疏港体系难以大幅扩容的背景下，出现了严重的港城客货冲突、环境污染等问题。如何适应未来持续增长的疏港货运和城市客运交通出行需求，协调港口后方产业带高密度开发，推进港城关系协调发展，是盐田港疏港货运交通体系发展面临的重大挑战。

在此背景下，实验幼儿园从幼儿视角出发，尝试以"解决盐田港陆地交通压力，积极探索立体路桥建设"为主题，就盐田港立体交通中的路桥建设方面进行了探究。

课程设计坚持问题导向、贴近生活、可行性高等原则，灵活运用盐田区教科院研发的幼儿园项目式学习框架——"大项目，小活动"，将探究制作细分为探索、体验、展示三个步骤，让幼儿在深度自主学习中获得经验和发展。通过职业体验、实地考察、亲子共同制作模型等方式，将幼儿平时只能看见局部的路桥，全面完整地呈现出来。从幼儿的角度出发，尊重他们的理解与视角，将抽象内容转化为幼儿喜欢的故事，通过适合幼儿的学习方式，培养幼儿的探究意识、探究思维，帮助他们成长为独立的、有解决问题能力的世界小公民。

六、课程资源分析

"神奇的路桥"课程，从"盐田港立体交通"的大主题中，选择贴近幼儿生活的部分进行探究，让幼儿通过亲身体验、真实感受获得经验。在材料方面，结合幼儿园同期正在开展的"垃圾分类"等探究活动，利用已有的丰富可回收性材料供幼儿操作。在课时方面，以幼儿园一日生活为基础，分班级分项目进行，确保幼儿可以获得最大的时间弹性。在人员资源方面，由教研员、年级组长带领骨干教师开展活动，同时每个班级配有"两教一保"及家长助教，为班级活动开展奠定了坚实的基础。在基地资源方面，盐田港就位于幼儿园附近，家长可以带领孩子多次进行外围和内部的参观学习。

七、课程目标

（一）活动总体目标

总体目标分为德智体美劳五个维度：

德育：通过了解盐田港发展历史，感受"深圳速度""深圳精神"，培养爱国、爱家、爱深圳、爱盐田的意识，逐渐沉淀对自己身份的自豪感。

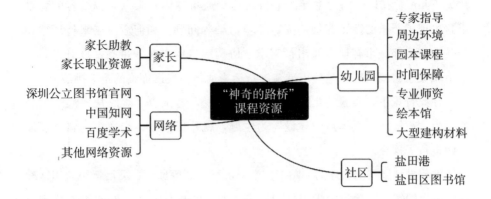

智育：通过对盐田港立体交通的深度探究，在发现问题、实践探索、解决问题的过程中逐渐培养探究能力，运用简单的科学知识、基本技能解决问题，学会合作、反思，发现新的问题。

体育：在动手操作、建构活动中增进幼儿体质，锻炼幼儿精细动作。在集体合作中，培养幼儿合作、共情、协商、沟通能力，鼓励幼儿坚持、不放弃，锻炼意志。

美育：通过成果展示等环节，帮助幼儿感受力学结构的科学性和美学性。让幼儿学会看地图，体会地理地貌带来的自然风貌，培养幼儿认识、体验、感受、欣赏、创造美的能力，从而让幼儿感受盐田的科技美、人文美、自然美。

劳育：劳动教育贯穿整个活动过程。通过让幼儿亲身体验、直接操作，培养良好的生活习惯，培养热爱劳动、勤于实践、勇于创新的精神，让幼儿养成良好的劳动习惯，建立正确的劳动观念。

中国学生发展核心素养将培养目标与教学实践相联系。"神奇的路桥"项目式学习基于幼儿身心发展规律及核心素养，在教学实践中培养幼儿文化基础、自主发展、社会参与三方面的素质。

文化基础：幼儿通过项目式学习，学习、理解、运用简单的科学知识和基础的科学技能解决问题，形成基本的情感态度和价值取向，培养勇于探究、敢于提问等品质。

自主发展：通过探究学习、小组合作等形式，培养幼儿乐学善学、积极思考等优秀品质，同时在活动过程中，帮助幼儿了解世界、认识自我，养成良好的生活和学习习惯。

社会参与：通过帮助幼儿了解盐田港的发展、盐田交通概貌、盐田路桥特点等，使幼儿对深圳、盐田，对自己生活的地方产生认同和热爱。在解决问题的过程中，帮助幼儿养成适应挑战的能力，培养幼儿劳动意识。

（二）活动具体目标

（1）通过了解盐田港、路桥的发展，让幼儿了解中国的基础设施建设发展情况，深圳和盐田改革开放以来文化的发展历程，培养幼儿的文化自信。

（2）幼儿通过亲手操作，培养发现问题、实践探究、解决问题的能力。通过项目式学习中的自主探究，培养合作性、坚持性等综合素养。

八、活动安排

（一）课程实施时间安排及说明

按照幼儿园一日生活流程，我们将项目式学习的开展与一日生活的各个环节相结合，安排如下图：

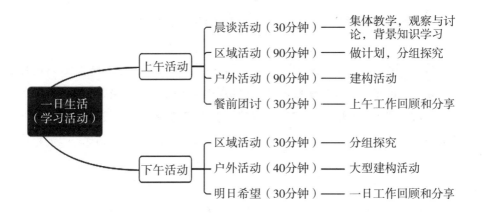

如上图所示，项目式学习贯穿幼儿一日生活的每一个环节。重点体现在上午的晨谈活动中的集体教学、区域活动中的分组探究、户外活动中的大型建构活动、讨论活动中的工作回顾和分享等。

（1）集体教学：幼儿来园后，教师通过相关知识的展示与教学，帮助幼儿增加已有知识经验。同时，在讨论的过程中帮助幼儿产生新灵感，确立一天的探究方向。

（2）分组探究：在区域活动中，幼儿自由分组，与环境、材料、同伴、教师接触，计划小组探究内容。通过讨论和操作，让团队中的每一个成员都得到思考和表达，确立自己在团队中的职责并且做好自己的工作，最终达到促进团队前进、相互支持的目的。

（3）建构活动：通过建构，将图纸上的抽象内容具象化，同时让幼儿初步了解建构过程中涉及的工程学知识，也鼓励幼儿将自己认知中的路桥搭建出来，以提升他们的兴趣。

（4）工作回顾和分享：通过教师收集的作品、图纸、照片，回顾上午（一天）幼儿的活动情况，与幼儿探讨和总结今天的学习内容，再度将知识点提出并融合在一日生活的情况当中进行复盘，帮助孩子对知识进行理解和吸收。通过分享，使幼儿打开思路，多角度、多维度、多方面地思考，并对明天的探究内容产生期待和初步的计划。

（二）课程内容、实施要求及设计意图

首先，我们向幼儿抛出问题：盐田港是什么？立体交通是什么？盐田港的立体交通给盐田带来了什么？并将收集到的问题分为科学类、工程类、人文类。

其次，确定"神奇的路桥"的核心问题：盐田的陆上港立体交通是由什么构建的？逐步开展整个项目，贴近幼儿兴趣，便于幼儿理解。

再次，基于完整的项目式学习流程：发现问题→提出假设→调查研究→论证假设→得出结论，通过"情景导入""职业体验""探究制作""汇报展示""评价反思"五个步骤，以初步认识、深度了解、亲身体验、展示分享四个层次，层层递进。

最后，以过程性评价的方式，动态化评价和情景化评价相结合，从互动、教与学、材料、环境四个方面进行评价。通过一次完整的项目式学习，从品格、能力、习惯、知识、审美五个方面，引导幼儿全面发展。

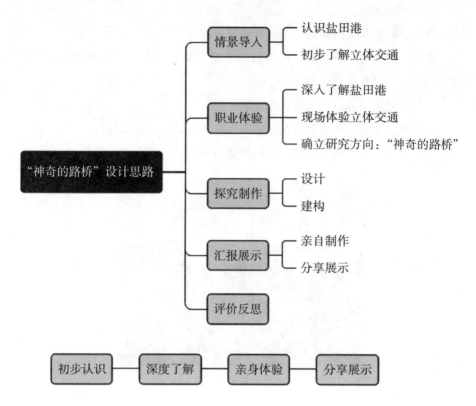

项目实施

一、项目实施过程

（一）情景导入

1. 活动准备

（1）教具准备：

PPT《神奇的路桥》

盐田港港口的图片

绘本《神奇的路桥》

（2）学具准备：

各种废旧纸箱

搭建材料：积木、乐高

2．活动过程

（1）引导幼儿自由讨论，回忆自己见过的立交桥。

老师：你们与爸爸妈妈外出游玩时见过立交桥吗？在哪里见到的？你们见到的立交桥是什么样的？

幼儿与同伴交流，再在集体中交流。

（2）展示图片，引导幼儿初步感知、认识各种各样的立交桥。

老师：这是什么桥？你知道它叫什么名字吗？它是什么形状的？

教师引导幼儿讨论

老师：我们一起来看看，神奇的路桥是什么样的呢？

展示 PPT《神奇的路桥》

老师：刚才我们看到的各种各样的桥中，有古代的劳动人民依靠自己的聪明才智设计的，也有随着科技的发展，现代设计师和工人设计建造出的。你喜欢哪一种桥呢，为什么？

老师：在我们幼儿园附近就有一个港口叫"盐田港"，刚才我们看到的第一张图片就是它。今天我们一起来建造一座你们心中的盐田港立交桥，来把这里的货物集装箱运输到世界各地去吧。

（3）幼儿自主操作

材料：各种废旧纸箱、建构区积木、乐高

请幼儿利用教师提供的材料，分成两组进行搭建并模拟盐田港集装箱的运转过程。

幼儿搭建盐田港模型

3. 评价反思

通过视频、图片、绘本和实物模型展示，幼儿初步对"盐田港""盐田港立体交通""盐田港陆上路桥"产生了概念和兴趣，尝试了解了路桥的构造，激发了对未来立体交通方式的想象。

对材料的反思：幼儿在兴趣被激发后产生了强烈的建构欲望，但教师没有提前准备丰富的材料，导致第一课时只能使用班级建构区的材料，幼儿表示有些"吃不饱"。

为此教师及时调整策略，组织家长收集合适的废旧物品作为建构材料和辅助材料，在接下来的学习中很好地支持了幼儿的活动。

（二）职业体验

1. 活动准备

（1）教学准备：①提前做好家园沟通，约定好时间和家长一起带幼儿参观路桥；②围绕本次参访活动，让幼儿带着问题前往，做好参访准备。

（2）学具准备："参访路桥"记录操作单。

2. 活动过程

（1）活动前准备

向幼儿告知本次活动的参观时间和准备事项。讲解户外活动需注意的安全事项。激发幼儿心中的问题：

①你观察到的路桥是什么样的？我们怎样记录下来？

②你参观了几座路桥？

③大胆猜想，路桥是用什么工具建造的？

（2）参观盐田港的路桥

请家长志愿者对路桥做介绍：

①路桥的外形

②路桥的名称

③路桥示意图

④路桥上的交通标志

⑤路桥的维修

幼儿回到班级自主完成"参访路桥"记录操作单。

（3）参与路桥模型制作

通过回顾记录单的内容，尝试利用建构区积木搭建路桥。

幼儿搭建路桥模型

3．评价反思

由于疫情影响，教师无法组织幼儿集体深入盐田港一线进行参观，因此采用家长带领孩子到实地进行参访，回园后开展建构活动的形式。

学与教的反思：教师没有参与实地参访，无法在参访过程中及时给予科学的引导。孩子对"设计"和"建造"两项不同的工种了解不够全面。如果客观条件允许，在参访结束后的建构活动中，应让孩子更好地区分"设计"和"建造"。

（三）探究制作

1．科学探究之一——盐田港立体交通怎样"立体"起来？

（1）经验分享，情景导入

教师播放 PPT 以及小视频，与幼儿一起回顾参观盐田港立体交通的过程。

请幼儿仔细观看，重点观察立体交通的整体构造及运输过程。

（2）教师与幼儿讨论

老师：你参观的是哪里？

幼儿：我参观的是盐田港口。

老师：你观察到的盐田港立体交通是什么样的？

幼儿：那里有很多集装箱，是很大的港口。

老师：盐田港立体交通的整体结构是什么样的，它是由什么组成的呢？

幼儿：盐田港立体交通非常高，上下都有很多层，很多路线交错在一起，又互相不影响。好像哪里都是出口，又好像哪里都不是出口。

（3）探究制作——探索立体的路桥结构

①尝试搭建立体的路桥

老师：一座公路怎样才能搭建在空中呢？

幼儿：用一些柱子把它撑起来。

幼儿尝试用纸质、塑料、金属等不同类型的材料搭建立体的桥，采用双桥墩、三桥墩等结构。通过尝试，寻找物体之间最佳的平衡点，让结构稳固。

②选取不同的材料，固定路桥

老师：路桥立起来以后会不会倒？

幼儿：不碰它就不会。

老师：但是上面要跑汽车，如果倒了怎么办？

幼儿：建筑工人叔叔都是用一些东西把桥墩和桥面粘住的。

幼儿选择了轻黏土、热熔胶、胶带纸、双面胶等不同的黏着剂，对搭建好的路桥模型进行固定黏合。通过探索和实验，寻找不同材质最适合的黏着剂。

他们发现，硬纸板之间用双面胶粘合很牢固，但如果要把纸巾筒固定在硬纸板上，就要用轻黏土或者热熔胶。

牛奶盒外表很光滑，双面胶和胶带纸都粘不住。轻黏土可以粘住但是不够牢固。热熔胶最牢固。

较高的牛奶盒、纸巾筒和易拉罐等物品都可以用来做桥墩，但是在固定桥面的时候，因为接触点小，所以要用比较黏稠的、大体积的黏着剂。轻黏土最好操作，热熔胶虽然不太好操作，但是粘得最紧。

2. 科学探究之二——畅想盐田港立体交通（陆路）港区外的运输路线设计

（1）教学准备

①立体交通将货物运输到广东各地时的路线图。

②深圳各大货运港口集散地和盐田港之间的主要运输路线。

（2）活动前期准备

①谈话导入：我们生活中的物品，是从哪里运到超市和商店里的？

②谈论盐田港立体交通的运输过程。

老师：你观察到的盐田港立体交通的运输过程是怎样的？

幼儿：我观察到货车在桥上走，普通的小车在桥下走。它们同时在走，互相都不影响。

（3）让幼儿带着问题去设计

（4）请幼儿自主操作，完成操作单

①将观察到的盐田港立体交通以图片和文字相结合的方式表现出来。

②用图片与文字相结合的方式表现盐田港立体交通的运输过程。

③幼儿描绘盐田港立体交通路线图，教师提示：

a. 你观察到的盐田港出入港区的闸口是怎样的？

b. 你观察到盐田港立体交通和外部是如何连接的？

c. 出了港口后，货车都去了哪些地方？

d. 货物的运输过程是怎样的？

（5）设计盐田港立体交通港区外的运输路线图

先观察盐田区地图，找出与盐田港相连的主要交通干道（公路、隧道、高架桥等）。

以主干道的走向为基础，设计以盐田港为中心、向市区及省里各地扩散的立体交通路线图。

（6）延伸拓展

幼儿观察班级教室、洗手间、阳台的布局，讨论班级适合怎样的路线，大胆想象，尝试制作班级内的交通路线图。

幼儿的各种记录

3. 工程制作——设计立体交通（陆路）路线

（1）经验准备：提前回顾盐田立体交通（陆路）路线 PPT

（2）活动前期准备：回顾参观盐田港立体交通过程的 PPT

（3）让幼儿带着问题去设计

①你观察到的盐田港立体交通的组成部分有哪些？

②不同的组成部分长什么样？

（4）设计盐田港立体交通运输路线图

老师：小朋友们对陆路已经非常了解，现在请你们选出自己最喜欢的盐田港立体交通运输设计图，和小组的伙伴一起，重新进行设计。

老师：请小朋友推荐一名绘画水平较高的伙伴当组长，每个小朋友都可说出搭建积木的想法，由组长绘画，一起完成立体交通路线图的制作。

（5）搭建立体交通（陆路）交通路线

①设计图做好后，请幼儿选择使用乐高积木或其他建构材料将陆路交通的路线搭建出来。

老师：小朋友们，我们可以使用哪种材料来搭建呢？每一种形状的材料分别适合搭建什么部分呢？

②动手搭建立体交通路线。

老师：请各小组选择乐高积木或者其他建构材料，根据画好的设计图，合作搭建出立体交通路线。

（教师巡回指导，并及时协助）

分工合作

小设计师视察

齐心协力搭建

（6）汇报交流

请小朋友依次观看其他组的设计，并向大家描述他们设计的立体交通路线的主要构成。

（四）汇报展示

1．活动准备

港口的图片、各类建构材料、纸张、画笔、作品（自创设计图、小组搭建成果、小组微缩模型）等。

2．活动过程

（1）问题导入

老师：你们见过装着集装箱的大轮船吗？

幼儿：见过。

（2）教师出示港口的图片

①请你们看看，这些图里有什么？

②为什么轮船上会有这么多集装箱呢？这些集装箱要被送到哪里去呢？

③集装箱可以通过什么样的方式被运送出去呢？

④如果是通过路桥，那这个路桥是什么形状的呢？

小结：这些集装箱都是在港口装上轮船的，轮船载着集装箱去往下一个港口，不同的交通工具通过港口把集装箱里的货物送到不同的地方。集装箱就这样在城市与城市、国家与国家之间实现流转。

老师：在我们幼儿园附近就有一个港口叫"盐田港"，今天我们一起来建造一座盐田港。可以通过什么方式把我们带过来的集装箱运到另一个城市或者国家呢？我们一起来试试看吧。

3．幼儿自主探究

（1）使用建构区积木搭建心目中的盐田港桥梁

（2）家长与孩子以小组形式进行实地参观并设计线路图

（3）由于建构区材料无法长久保存，因此幼儿选取不同的材料，构建出微缩模型

①选取要构建的一段路桥。

②利用百度地图等网络地图，通过平面图、立体图、俯瞰图全方位观察

构建的路段。

③邀请了解相关专业技术的家长来园，为孩子介绍地图的阅读、制作方法以及地图的特点。

④幼儿选取不同的材料和黏着剂，根据自己选择的路桥进行微缩模型制作。

⑤在幼儿园里时间有限，无法完成的部分回到家里跟家长一起完成。

⑥根据个人喜好和想象，对自己的模型进行装饰，并将自己对盐田港未来的畅想也表现在模型中，如海上轻轨站等。

（4）幼儿在园内向老师和其他班级的幼儿介绍自己的作品

4．延伸拓展

（1）了解盐田港的发展历史

（2）幼儿可以把想象中的盐田港集装箱运输的过程画下来

（3）幼儿可以对未来港口交通进行创想、设计

（五）评价反思

1．活动准备

幼儿亲自设计港区交通图和盐田港立体交通微缩模型的实物或照片；

教师收集整理幼儿在探究过程中呈现的所有相关作品，帮助幼儿回忆参与了哪些活动。

2．活动过程

教师引导，以幼儿为主体，开展主题团体讨论活动。

幼儿既作为参与者，也作为评价者，在评价过程中进行自评和他评。

（1）讲述盐田港立交桥的故事（以小朋友的绘画成果来创编故事）

（2）交通工具分类排序规律（三段卡）

（3）科学和手工相结合，试验纸桥承重情况

（4）艺术创编歌曲

3．反思

反思时会分析项目开展过程中出现的不足，但要选择合适的方式表达，以免挫伤孩子的积极性和成就感。

通过反思，引导孩子寻找更合适的材料和更好的方法进行工程模型的搭建，提供合理的挑战，让孩子更期待、更愿意深入这项课题进行探究和学习。

幼儿刚接触"立体"这个词的时候，认知是模糊的。通过到实地进行考察，在第一课时的基础上，幼儿了解了立体高架桥的组成材质，幼儿可以用简单的"坚硬的石头"等表达来形容高架桥的材质，并用绘画的形式对自己所见到的盐田立体交通路桥进行记录。幼儿通过实地观察，初步了解盐田港立体交通的整体构造以及运输过程。幼儿对立体交通很感兴趣，纷纷描绘立交桥的模样，愿意尝试设计自己班级的交通路线图。

通过前期的探讨了解，鼓励幼儿利用乐高、积木大胆发挥想象，动手搭建。在制作的过程中，我们发现有少数幼儿手部精细动作尚需进一步的锻炼，需要在同伴的帮助下完成搭建。经过小组的团结协作，幼儿能够将自己的想法展现出来，感受到创造的喜悦。

二、幼儿作品及评价

项目	作品	发展脉络	评价
职业体验		学习路桥重要部位的名称； 将实地考察的路桥简单绘画出来； 尊重劳动者，知道路桥是运输物品的重要设施，保护路桥人人有责	1. 初步了解路桥的重要组成部分，以及桥上的各种标识； 2. 通过实践认识路桥的基本结构； 3. 提升小组合作与沟通能力

（续表）

项目	作品	发展脉络	评价
科学探究		通过观察，初步认识盐田港立体交通的基本构造；遵守交通规则，知道行车时要礼让行人，步行时注意安全；了解港区内外的规则以及货物运输给予人民生活的便利	1. 知道盐田港立体交通陆路的运输路线并会绘制路线图；2. 大胆讲出自己对陆路交通路线的了解、认识；3. 提升建构能力，小组合作分工与沟通能力，动手绘画、动脑思考的能力；4. 提升自主解决问题的能力

（续表）

项目	作品	发展脉络	评价
成果展示		基本了解盐田港，认识路桥的外形及基本结构； 尝试自主设计线路图，以小组的形式创造性锻炼动手能力； 萌发对立体交通的好奇心和乐于探索的精神	幼儿通过制作盐田港立体交通微缩模型，实际体会路桥的建构过程，提升创造力、动手能力、语言表达能力和逻辑思考能力，进一步激发对盐田的热爱和文化自豪感

三、项目评价

（一）评价观

在目的方面，我们关注幼儿未来的发展方向；在内容方面，注重评价要反映学习与发展过程中的进步。教师要在活动过程中持续进行评价，利用多元的评价手段和方法，关注幼儿个体的变化和群体的发展。

（二）评价内容和手段

1. 动态化评价

动态化评价的方式：

①以时间为节点的阶段式评估

以时间为节点，对幼儿进行定期的评估。

②记录幼儿发展过程的动态评估

主要表现形式为幼儿个人项目式学习档案袋的建立，其中包括教师的观察报告、幼儿的作品或作品的照片、家长的各类反馈评价等。

2. 情境化评价

（1）对活动的评价

①项目开展中的评价

项目式学习的开展时常包括师幼互动、幼幼互动、幼儿操作等。从探究性、合作性、平等性、灵活性几个维度进行观察，可以对活动开展的适宜性、有效性作出评估。

②项目开展前后的评价

项目开展前，需要关注开展前的计划；项目开展后，需要关注开展后的反思，最后落实到项目的目的性、计划性、综合性上。

（2）对幼儿的评价

项目式学习评价除了针对活动本身，还可以从对幼儿发展情况的评价来了解活动开展的效果，进而了解活动的适宜性。在此次项目式学习中，我们重点关注经验的获得与品质的培养，从好奇心、主动性、创造性、合作性四个方面，对幼儿的学习效果进行评价。

四、项目反思

（一）项目亮点

1. 运用幼儿园项目式学习框架开展活动

盐田区教科院研发的幼儿园项目式学习活动框架为幼儿园教师开展项目式活动提供了一个高质量的抓手，在活动开展的过程中，教师在倾听幼儿、引导幼儿上有了明确的方法和方向。在将活动细化为人文类、工程类、科学类后，班级开展的活动也更加全面。

2. 将项目式学习灵活地安排进幼儿园一日生活环节当中，作为园本课程的有效补充

幼儿园统整环境资源和师资资源，将一日生活的环境与项目式学习有机结合，通过日常化的生活和学习活动，高质量地开展项目式学习。

幼儿园建立资源库，提供丰富的低结构材料供幼儿学习，家长也定期将家中的废旧材料、自然材料带到幼儿园供小朋友进行操作。

3. 提取盐田港交通特点，选择合适的内容并将其转化为具体可操作的项目

通过项目式学习，在让幼儿全面了解盐田港"水陆空"现代化立体交通构造之后，抽取离幼儿生活最近的陆路立体交通部分，具体化为"神奇的路桥"，将复杂抽象的内容转化为幼儿容易理解的内容，方便幼儿动手操作和设计。在此过程中，融合自然、历史、人文、科技等多种元素，深圳和盐田区的发展脉络知识贯穿始终，让孩子对居住的家乡有了充分、全面、有深度的认识，激发他们爱家乡、爱国家的情怀，建立民族自信。

（二）项目优化

1. 学习内容和形式的扩充

实验幼儿园采取混龄编班的形式，在项目式学习开展的过程中，老师们经常为"项目内容较复杂，不适合中小班的孩子，在班级里开展时中小班的孩子无法参与"的问题而苦恼。因此，我们应再思考和研究，探索更适合低年龄段孩子的内容，在项目上融合混龄的特点，确保中小班的孩子也能够参与并且在项目式学习中切实获得成长，感受到项目探究的乐趣。

2. 评价方式的优化

　　项目的评价方式虽然多样，但是深度有所欠缺，并且暂时没有探索出合适的具有科学性的量化评价手段。在今后的项目开展中，将着重思考如何对评价方式进行优化，使其更加具有科学性、可操作性，更适合项目式学习的开展。

附 录

附录1："参访路桥"记录操作单

姓名：＿＿＿＿＿＿＿＿＿＿ 班级：＿＿＿＿＿＿＿＿＿＿

1. 你观察到的路桥是怎样的？请画下来。

| |
| |

2. 请记录盐田港附近的路桥名称

3. 你知道路桥是用什么工具建造的吗？请小朋友通过访问或讨论的形式，了解至少两种工具的名称（幼儿可以通过绘画或讲述回答）

| |
| |

4. 请想象一下，未来盐田港的路桥是什么样的呢？（幼儿描述，爸爸妈妈记录）

| |
| |

附录 2：立体交通设计单

姓名：＿＿＿＿＿＿＿　　　班级：＿＿＿＿＿＿＿

1. 你观察到的盐田港立体交通是什么样的？

2. 盐田港立体交通运输过程是什么样的？

3. 请小朋友设计自己的立体交通路线图。

附录 3：盐田港立体交通区外运输路线图

姓名：＿＿＿＿＿＿＿　　　班级：＿＿＿＿＿＿＿

1. 你观察到的盐田港立体交通运输闸口是什么样的？

2. 盐田港立体交通的运输路线是什么样的？

3. 请小朋友在中国地图上标记并画出自己的立体交通路线图。

案例二　你好，8号线——探究盐田地铁文化[*]

项目方案

一、课程名称

你好，8号线——探究盐田地铁文化

二、适用年级

幼儿园大班

三、总课时

3个月

四、涉及领域

科学、社会、语言、健康、艺术

五、课程简介

随着地铁8号线的开通，盐田人民的生活悄然发生着变化，新线路在方便居民出行的同时也为盐田带来了游客。可是，幼儿园的孩子们发现不少游客乘坐地铁来盐田后不知如何直接到达景点，甚至不清楚盐田的美景美食有哪些。因缺少有针对性的旅游线路图和宣传，游客们并未真正了解"山海盐田"之美。

本课程设计以此为驱动问题，以身边的真实变化"8号线地铁的开通"为切入点，联合教师、幼儿园、社区、家长等多方资源，从不同维度进行多层次互动，并跟随幼儿的兴趣点随时调整项目内容；走进8号线、了解8号线，并通过情景导入、实地游玩、探究制作、义卖宣传等方式，创作儿童眼中独特的盐田地铁文化地图、8号线文创纪念品和地铁宣传片等，向游客宣传推广，在便于游客出行的同时也让大家深刻感受到"山海盛颜，最美盐田"的独特滨海城区魅力。

＊　本案例由盐田区机关幼儿园提供，林静宜、李静萍共同执笔。项目主要成员有林静宜、李静萍、刘捷颖、何亦容、张小兰、岳慧、冼毅容。

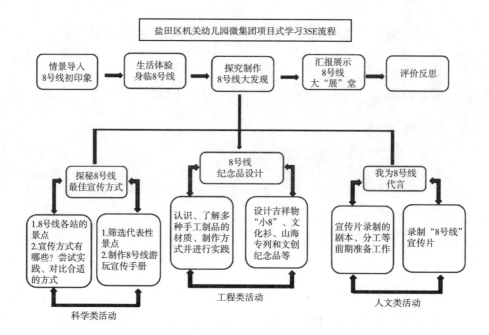

六、课程资源分析

"你好，8 号线——探究盐田地铁文化"课程基于幼儿视角，为幼儿构建一个真实的探究情境，帮助幼儿更好地在生活中了解世界，是项目式课程同时也是生活化课程。幼儿以身边真实的生活变化为切入点，在幼儿园、家庭、社区、网络等多方资源的支持下，在生活中体验，在体验中成长。幼儿园资源方面，设有不同功能的活动区，如美工区、语言区、科学区、数学区等，并在活动区内提供丰富、多样的操作材料。此外，充分挖掘网络资源，搜集与地铁 8 号线相关的资料，如视频、新闻等；利用网络资源的多元化拓展幼儿的学习，及时有效地解决问题，提升学习经验。对幼儿园来说，开展项目式学习时，家长是非常重要的参与者与引导者，项目实施过程中可以调动起家长参与的积极性，让家长提供地铁素材搜集、实地参观等帮助。社区资源方面，因地制宜，主动联系地铁站及其工作人员，了解 8 号线各站点的标志性景点等。

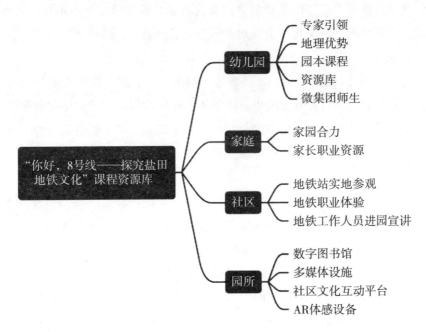

"你好，8号线——探究盐田地铁文化"课程资源库

- 幼儿园
  - 专家引领
  - 地理优势
  - 园本课程
  - 资源库
  - 微集团师生
- 家庭
  - 家园合力
  - 家长职业资源
- 社区
  - 地铁站实地参观
  - 地铁职业体验
  - 地铁工作人员进园宣讲
- 园所
  - 数字图书馆
  - 多媒体设施
  - 社区文化互动平台
  - AR体感设备

七、课程目标

1. 活动的总体目标

根据《指南》的精神以及"五育并举全面发展素质教育"的要求，为促进幼儿情感、态度、能力、知识、技能这五大领域协同发展，实现幼儿德、智、体、美、劳全面发展，本课程从幼儿学习范畴出发制订以下目标：

德育：通过了解8号线建造初期遇到的困难及落成后为人民生活带来的喜人变化，感受国家科技发展的快速；深入体验盐田滨海城区的魅力，萌发盐田小主人公意识，培养幼儿对盐田本土文化的热爱和对祖国的自豪感。

智育：通过了解盐田地铁文化，学习观察身边事物的变化，提出问题、解决问题，在动手制作的过程中拓展探究思维的深度和广度，培养坚持、合作、敢于质疑、不断反思的学习品质。

体育：通过实地参观地铁站、乘坐地铁等活动，发展大肌肉运动；通过动手制作地铁模型、文创纪念品等，锻炼手部精细动作。

美育：通过了解盐田地铁蕴含的文化内涵、地铁沿途景点的风土人情，感受"山海盐田"的文化魅力，培养认识美、体验美、感受美、欣赏美、创造美的能力。

劳育：通过职业体验、实地科普等不同形式，了解不同职业的特质及劳动内容，培养尊重他人劳动成果、遵守社会规则的好品质。在探究制作中通过亲身体验、直接操作，培养热爱劳动、勤于实践、勇于创新的精神。在文创义卖活动中，用自己劳动所得参与爱心公益帮助他人，培养通过自身劳动回馈社会的优良品质。

中国学生发展核心素养将培养目标与教学实践相联系，"你好，8 号线"项目式学习基于幼儿身心发展规律及核心素养，在教学实践中培养幼儿文化基础、自主发展、社会参与三方面的素质。

文化基础：幼儿通过"你好，8 号线"项目，学习、理解、运用简单的科学知识和基础的科学技能解决问题，形成基本的情感态度和价值取向，培养幼儿勇于探究、敢于提问等品质。

自主发展："你好，8 号线"项目通过实地体验、提出问题、探究合作、尝试解决问题等环节，培养幼儿勤思乐学、开拓创新等优秀品质，鼓励幼儿打破常规思维，敢于质疑，用科学的眼光看待问题、了解世界，培养幼儿学习内驱力。

社会参与："你好，8 号线"项目通过帮助幼儿了解地铁的建造过程、地铁站文化内涵、盐田景点及风土人情等，使幼儿产生热爱盐田、热爱国家的情感。幼儿在与多方人员互动，寻求解决问题的办法的过程中，积攒不怕困难、直面挑战的勇气，培养自主劳动意识。

2. 活动具体目标

（1）引导幼儿观察身边的事物，培养幼儿大胆提出问题、用多种方法解决问题的能力。

（2）幼儿通过与同伴合作、交流、讨论、分享，获得运用各种表征方式进行表现、想象和创造的能力。

（3）鼓励幼儿基于自我需求，在真实的情景中运用已有的经验，并通过探究、实践、反思形成新的经验。

（4）支持幼儿在交流中尝试整理、概括自己的探究成果。

（5）通过一系列的探究活动，引导幼儿寻找各种不同的宣传方式宣扬地铁文化、盐田之美。

（6）在探究的过程中激发幼儿对盐田的热爱以及身为盐田人的自豪感。

八、活动安排

（一）课程实施时间安排及说明

课程实施时间安排表

活动过程	活动内容	开展时间	课时	地点	参与人员
一、情景导入	8号线初印象	第一周第二周	2	幼儿园、地铁站、家里、路上（实地采访）	师、幼、家长及盐田居民、游客
二、生活体验	地铁站实地参访	第三周	2	沙头角站、海山站、北山道智慧科技中心	师、幼、家长、地铁运营工作人员
	地铁工作人员进园开展科普讲座	第四周	1	幼儿园四楼活动室	师、幼、家长、地铁运营工作人员
三、探究制作	科学类活动——8号线旅游手册制作	第五、六、七、八周	4	北极星班	师、幼、家长、广告公司人员
	工程类活动——8号线吉祥物设计	第五、六、七、八周	4	火星班	师、幼、家长、设计公司人员
	工程类活动——8号线文化衫设计	第五、六、七、八周	4	海王星班	师、幼、家长、设计公司人员
	工程类活动——8号线文创纪念品设计	第五、六、七、八周	4	海王星班、火星班	师、幼、家长

（续表）

活动过程	活动内容	开展时间	课时	地点	参与人员
三、探究制作	人文类活动——8 号线宣传片录制	第五、六、七、八周	4	喜羊羊班	师、幼、家长、摄影专业人员
	人文类活动——快板诗歌《开往盐田的地铁》编排	第五、六、七、八周	4	贝贝熊班	师、幼、家长
	人文类活动——绘本剧《小 8 甜甜游盐田》编排	第九、十、周	2	火星班	师、幼、家长
四、汇报展示	"你好，8 号线"文创义卖活动	第十一周	1	幼儿园一楼常青藤图书馆门口	师、幼、家长、公益活动人员
	项目式展评活动	第十二周	1	盐田区云海学校	师、幼、家长、区教育工作人员同行
	绘本剧《小 8 甜甜游盐田》展演	第十二周	1	幼儿园四楼活动室	师、幼、家长
五、评价反思	总结性反思	第十三周	2	音乐厅	全体教师

　　项目式学习通过两条时间线开展：1. 幼儿园一日生活时间线中，项目式学习有机融合于一日生活中的每个环节，教师以一日生活为时间线索开展活动，同时抓住基于幼儿兴趣的项目式教育契机展开适时的教育教学；2. 项目式学习分为多组展开，在机关园微集团三个园所九个班级同步进行，每周每个班至少开展两次项目式学习，教师与幼儿一起提出问题并在探索中解决问题。

（二）课程内容及设计意图

"你好，8号线"驱动性问题：如何快速地乘坐地铁8号线抵达盐田各大知名景点？8号线不为人知的富有盐田特色的沿途景点有哪些？如何吸引更多人通过地铁来盐田休闲旅游？幼儿以此为探究抓手，从科学、工程、人文三个维度进行探究。

其次，以"盐田地铁文化"为核心探究点，幼儿设想不同形式，发现8号线中不同的探究兴趣点，不断迭代优化项目开展，让8号线地铁文化收获更好的宣传推广效果。

再次，基于深圳市盐田区教育科学研究院研发的"项目式学习五部曲"流程展开项目式学习。

最后，以过程性评价的方式从聚焦问题、方案设计、解决问题、总结性评价四个方面进行评价。"你好，8号线"项目式学习整个探究过程中幼儿有思考、有发问、有探究、有实践、有成果，集合了机关幼儿园微集团三个园所师生的智慧，生动诠释了微集团"聚核心力量，成薪火之势"的办学理念，做到了美美与共、和合共生。

项目实施

一、项目实施过程

（一）情景导入

1. 8号线初印象

教师出示地铁8号线的视频、图片，与幼儿共同分享讨论对8号线的印象，引起幼儿的浓厚兴趣。师幼共同深入讨论8号线每个站点的独特文化和沿途景点。教师协助幼儿梳理文字，形成调查表，幼儿和爸爸妈妈一起寻找家附近的地铁站进行了解并完成活动调查表。幼儿分享讨论调查结果，搜索相关资料，用绘画、剪贴画、照片、视频等方式完善调查表。

幼儿A：你们坐过盐田新开通的地铁8号线吗？

幼儿B：坐过，我知道离我家最近的地铁站是海山站。

幼儿A：地铁为我们的生活带来了很大的便利呢！

幼儿C：你们知道地铁8号线的哪些站点？

老师：我们将感兴趣的问题都记录下来，做成调查问卷，与爸爸妈妈共同完成。

幼儿带着问题，选择合适的方式，初步了解盐田 8 号线每一个站点的独特文化，并用绘画、视频等方式记录下来。

分享调查问卷

2. 评价反思

基于学的反思：

在完成调查表的过程中，幼儿了解了盐田 8 号线每一个站点的独特文化和沿途景点，每日提出新问题，团体讨论，寻求解决问题的方法，发展了自主学习能力、语言表达能力以及逻辑思维能力等。

基于教的反思：

本次活动首先提出问题，再讨论问题，最后通过调查问卷解决问题，这一流程让教师在实施活动的过程中有据可依。整个探究活动既满足了幼儿学的需要，又包含了教师的教学支架和引导。

（二）生活体验

1. 身临 8 号线

幼儿在学习过程中不断生发出新探究点，家长、社区和幼儿园多方商讨后，安排火星班、海王星班和北极星班的幼儿分组利用周末去海山站、梧桐山南站以及北山道智慧科技中心参观、体验。在地铁站站长的细心解说下，孩子们习得了许多和乘坐地铁有关的知识，互动交流中，之前提出的疑问也得到了专业的解答。体验过程既满足了幼儿好奇心又拓宽了眼界。

幼儿 D：地铁站有哪些工作呢？

幼儿 E：地铁站的工作是怎么开展的？

幼儿 F：我们应该怎样安全地乘坐地铁？

地铁站的工作人员向幼儿介绍地铁站的主要设施和功能，以及进入地铁站时要注意的安全问题。

幼儿实地参观地铁站　　　　幼儿参观智慧科技中心

2. 地铁工作人员进园开展科普讲座

为了让幼儿进一步了解地铁 8 号线，家长和幼儿园共同邀请地铁工作人员来园开展科普讲座。在活动现场幼儿提出了许多之前与父母乘坐地铁时发现的问题，地铁工作人员现场答疑解惑。此外，地铁工作人员还向幼儿介绍地铁站内的设施、工作人员的职责、乘坐地铁的流程"买票—安检—进闸—坐地铁—出闸—到达目的地"，以及进入地铁站时要注意的乘车安全问题。

幼儿 G：8 号线地铁站有哪些工作呢？

幼儿 H：有安检、驾驶地铁……

幼儿 I：那地铁站的工作是怎么开展的？

幼儿 G：我们一起问问地铁站的叔叔阿姨吧。

3. 评价反思

基于学的反思：

火星班、海王星班和北极星班的幼儿和家长分组利用周末去海山站、梧桐山南站以及北山道智慧科技中心参观体验，活动充分满足了幼儿好奇心又拓宽了眼界。此外，地铁 8 号线的工作人员还入园给幼儿开展了科普讲座，通过视频解说、互动游戏等环节，让幼儿了解到了许多乘坐地铁的安全要点。

过程中巧用资源，多方合作，真正达到了让幼儿"在生活中体验，在体验中探究，在探究中成长"的教育目的。

地铁工作人员进园开展科普讲座　　　　地铁工作人员与幼儿互动交流

基于教的反思：

教师在活动中起到穿针引线的作用，将幼儿的想法串联起来，然后再以此为依据引导幼儿进入下一步的学习，更好地成为幼儿探究活动中的引导者。

（三）探究制作

1. 科学类活动：

（1）设计 8 号线旅游宣传手册

教师与幼儿通过各种不同形式的调查访问，讨论出适宜的宣传方式——8号线旅游宣传手册。在票选出最合适的 8 号线宣传方式后，幼儿、家长与教师开始寻找相应的宣传工具、材料等，三方进行探讨、整理和总结。整个活动过程中教师、家长给予幼儿适当的协助，在不断的讨论探究中形成具有优化迭代效果的生成性项目式学习。

幼儿 M：设计 8 号线旅游宣传手册我们需要哪些工具？

幼儿 N：有哪些工具和材料呢？

幼儿 O：我们需要彩色笔、纸，还有装饰品。

幼儿 M：我们先把设计画出来吧？

幼儿开始尝试设计 8 号线旅游宣传手册，有的独立绘画，有的选择和同伴合作完成。在设计的时候幼儿还提出疑问并讨论：如何才能让别人明白宣传册上画的图案代表什么呢？

幼儿 M：宣传册我们设计好了，接下来我们要做什么呢？

老师：大家可以互相讨论、分享，一起探究制作方法。

幼儿N：我要画地铁的标志，这样别人才知道怎么去地铁站。

幼儿O：我们还要把美食、景点、游玩项目的图标画出来呀！

幼儿按照讨论的想法绘制8号线旅游宣传手册，分享成果。

幼儿了解宣传手册　　　　　亲子设计绘制8号线游玩路线图

（2）8号线旅游宣传手册制作

幼儿开始寻找和盐田有关的地域文化、游玩景点、历史景点等，探讨如何更好地向游客宣传"山海盐田"文化内涵。师幼也多次探讨制作方法，分组合作共同进行绘画，并通过App将图像扫描成电子版，然后打印出来。还寻找幼儿园周边的设计公司或者淘宝上的设计店铺帮忙设计和修改，并邀请有设计经验的幼儿家长协助完成定稿。

幼儿C：可以怎样给叔叔阿姨们阅览宣传手册？

幼儿E：我们可以去问问老师该怎么办。

老师：我们可以选举代表去找园长阿姨，提出希望获得的帮助。

幼儿F：我的爸爸在广告公司上班，可以找我爸爸帮忙呀。

最终确定制作方案，幼儿和家长合作设计8号线旅游宣传手册，分组操作执行。教师找到广告公司商谈印刷、装订和价格条件。最终沿着8号线起始点，请幼儿和家长分组选择8号线沿途的景点，进行旅游宣传页的拍照、设计、排版，制作装订成册，形成最终定稿版旅游宣传手册。

2. 评价反思

基于学的反思：

8号线旅游宣传手册从设计到制作，经过了团讨、学习工具使用、内容选择、版面布局、印刷定制等流程，十分考验幼儿对周围环境的观察思考、总结归纳和团队协作能力。不断提出问题、解决问题的循环迭代探究，不仅发展了幼儿的科学素养，激发了幼儿进行设计的创造力，还使其建立了盐田小主人公的意识，乐于为发扬盐田文化奉献自己的力量。

基于教的反思：

8 号线旅游宣传手册的设计，需要协同多方资源方可完成，包括幼儿、教师、家长、广告公司等。其中，教师便起到了引导者和支持者的作用。在幼儿提出问题时，教师不断抛出关键词引发幼儿的深度思考，在幼儿需要工具、广告公司等资源支持时，又适时地提供协助，使幼儿更好地达成目标。

第二版宣传手册定稿　　　　　　　第三版宣传手册定稿

3. 工程类活动

（1）设计吉祥物"小 8"

围绕兴趣点展开探究，幼儿通过团讨决定为 8 号线设计专属吉祥物。在分享了亲子设计手稿后，票选出了最受欢迎的两幅吉祥物设计图。后期经过美术老师的专业指导，幼儿将设计图进行了融合，吉祥物"小 8"最终诞生。

幼儿 J：设计吉祥物我们需要用到哪些材料呢？

幼儿 K：我们需要彩色笔和纸来进行设计。

幼儿 L：我们可以利用班上美工区的材料设计吉祥物！

老师：我们可以通过互联网购买一些半成品材料，生活中也有各种各样的废旧材料，怎样更好地利用废旧材料呢？

为了让"小 8"更富有生命力，更好地助力盐田文化的宣传，孩子们还为它设定了性格和任务。探究了多种材料和工具后，幼儿自主选择盐田的景点、特色小吃或代表性历史文化物件进行绘画设计，并提出改进的意见。各小组根据意见进行调整和修改，最终，吉祥物"小 8"的文创纪念品在幼儿的奇思妙想和巧手制作中诞生了。"小8"带着它和盐田的故事出现在了各类帆布袋、拼图、挂饰上，趣味十足又富有寓意。

美术老师进行专业指导　　　　　　最终定稿版吉祥物"小8"

（2）设计文化衫

根据孩子们对地铁8号线以及"山海盐田"的独特感知，以盐田人民对美好生活的追求为主题，老师、家长协作辅助，幼儿主导，共同设计了充满区域特色、极具代表意义的作品——文化衫。

幼儿M：设计文化衫我们需要用到哪些材料呢？

幼儿N：我们需要彩色笔、纸、环保材料等。

幼儿O：我们可以小组合作或者和爸爸妈妈合作完成！

老师：大家可以自主选择一个喜爱的8号线景点，可用水彩笔、油画棒、丙烯笔等进行绘制。爸爸妈妈可以协助把图案印制在白T恤上面，做成8号线的文化衫，大家轮流分享设计的理念、内容。

幼儿、家长与教师纯手工制作的文化衫充分展现了盐田的独特魅力，体现了盐田人民热情好客的人文情怀，强烈的主人公意识扑面而来。大家共同欢迎五湖四海的朋友们乘坐地铁8号线，来到"可盐可甜"的盐田感受生活之美。在创作过程中幼儿探究、思考、设计、实践，社会性、审美能力、语言表达、手眼协调等方面都得到了提升。

（3）山海专列和文创纪念品

幼儿结合自己了解到的8号线每一个站点沿途景点的特征，讨论制作这些微缩景观需要用到的材料，包括超轻黏土、木块、树枝、贝壳、纸筒、积木、松果、石头、KT板、丙烯颜料等，并分组动手制作。幼儿分工合作，一步步推敲，制作模型成品和文创纪念品，最后进行固定和展示。

师幼讨论文化衫需用到的材料　　　　　幼儿分享设计稿

文化衫 logo　　　　　　　　8 号线文化衫系列

幼儿 G：8 号线一共有 6 个站——梧桐山南站、沙头角站、海山站、盐田港西站、深外高中站、盐田路站。

幼儿 H：我们需要用什么材料来制作山海专列和文创纪念品呢？

幼儿 I：我想到啦！我们可以用原木片、奶油胶、纸箱、树枝、泡沫板、超轻黏土等材料进行制作。

幼儿 G：我们还可以和爸爸妈妈一起设计制作地铁 8 号线的文创纪念品呢。

孩子们尝试摆弄这些手工材料，做出自己喜欢的作品。教师总结这些手工材料的优点与缺点，以及需要注意的地方。

山海专列的微缩景观成品和文创纪念品的最终呈现极富盐田特色，幼儿在制作的过程中体现了团队精神和科学素养，同时融入了对盐田每一个景点的理解和思考。幼儿进行了创造性的表达，作品极具新意。

师幼讨论山海专列微缩景观的制作

山海专列微缩景观展示

地铁文创纪念品：文化扇

地铁文创纪念品：拼图系列

4. 评价反思

基于学的反思：

本次活动是基于 STEM 课程理念设计开展的综合性工程类活动。它具有实践性强的特点，并且融合了五大发展目标，涉及绘画设计、工艺制作测试、开放性材料的应用、制作方法的优化及材料的调整等内容。幼儿在完成山海专列微缩景观和地铁文创纪念品的制作过程中收获了独特的学习体验。体验过程不仅能够开发幼儿的艺术想象力，提高幼儿形象化思维丰富细节的能力，同时也提升了幼儿做事有计划有条理的生活素养和实践能力。

基于教的反思：

教师把握适当的时机，为幼儿创造条件，鼓励并支持幼儿进行合作，在此过程中探索更有助于协同关系的教学方法。

5. 人文类活动

（1）8 号线宣传片录制

回顾幼儿之前调查的 8 号线周边景点，以及动手制作的 8 号线地铁文创纪念品，与幼儿讨论如何录制 8 号线宣传片。

幼儿 A：老师，我们可以为地铁 8 号线的每一个地铁站录制一个视频。

幼儿 B：告诉大家地铁站附近都有哪些好玩的地方。

幼儿 C：录制视频需要相机、手机，还要准备录制视频时我们说的话。

老师：那你们试一下，把我们录制视频需要用到的工具和需要说的话写下来。

幼儿进行工具的准备，互相分享材料准备清单，并说出自己计划介绍的地铁站周边景点，分工合作进行宣传片录制。

最后开始录制 8 号线宣传片。幼儿成为"8 号线景点代言人"，现场录制景点宣传片。

幼儿录制梧桐山南站宣传片

幼儿录制沙头角站宣传片

幼儿录制海山站宣传片

幼儿录制盐田路站宣传片

（2）绘本剧《小 8 甜甜游盐田》设计和编排

在吉祥物"小 8"的设计基础上，幼儿为其丰富人设，开始讨论、创想《小 8 甜甜游盐田》绘本内容。

幼儿 D：我们一起来画故事吧！

幼儿 E：我来设计封面和封底。

幼儿 F：我来装订，制作成书。

幼儿 D：我来做小 8 和甜甜的绘本剧头饰。

幼儿 E：我们为绘本剧《小 8 甜甜游盐田》进行角色分工和台词分配吧。

幼儿 F：开始绘本剧《小 8 甜甜游盐田》的舞台编排和走位吧。

老师：绘本剧《小 8 甜甜游盐田》进入最终彩排阶段啦。

幼儿设计自制绘本封面封底

幼儿设计绘本剧头饰

幼儿进行绘本剧舞台编排、走位

幼儿进入绘本剧最终彩排阶段

（3）快板诗歌《开往盐田的地铁》编排

紧接着幼儿开始为宣传 8 号线周边景点创编快板诗歌。

幼儿 G：我们表演了绘本剧，但是还少了歌曲。

幼儿 H：那我们编一首歌来宣传盐田的景点吧。

幼儿 G：那我们一起来想一想，编一些介绍盐田的歌词。

老师：那你们一起想一想 8 号线周边景点都有哪些，我们把这些景点写进歌词里面。

教师和幼儿讨论、编写，共同创编了《开往盐田的地铁》快板诗歌。

教师：那现在歌词编写好了，我们开始分工，为演奏做准备吧。

幼儿 H：我们几位小朋友负责朗诵，让爸爸妈妈和我们一起练习。

幼儿 G：那我负责奏乐，用快板为你们伴奏。

幼儿开始了《开往盐田的地铁》快板诗歌的排练。

幼儿诗歌朗诵练习　　　　　　　　幼儿诗歌奏乐练习

6．评价反思

基于学的反思：

幼儿通过录制宣传片、设计编排绘本剧、创编快板诗歌的形式宣传地铁 8号线沿途景点。幼儿通过创编、分工、合作等方式相互交流、沟通，在过程中提高了社会交往能力、语言表达能力以及逻辑思维能力等。

基于教的反思：

在提出问题、主动讨论、创编剧本、练习奏乐等活动，以及编排、彩排及表演环节中，教师既满足了幼儿学习的需要，又贯彻了过程性的教学支架与引导。

（四）汇报展示

1．8 号线文创义卖活动

通过市集摆摊、派发宣传单等形式，幼儿园全体幼儿和家长参与到 8 号线文创义卖活动中。吉祥物抱枕、文化衫、拼图、手作挂饰、盲盒等地铁文创纪念品吸引了大小参与者的争相购买。最终，幼儿将义卖所得款项捐赠给了贫困山区的留守儿童，让爱心得到了美好的延续。

幼儿 D：老师，我们设计的这些物品卖的钱用来干什么？

幼儿 E：我知道，我们可以捐给乡下那些生活困难的小朋友。

幼儿 D：这个主意好，那就这样决定了。

教师和幼儿一起讨论，为幼儿设计的地铁文创纪念品定价，开始创设、布置义卖场地。

幼儿家长参与义卖　　　　　　幼儿派发 8 号线旅游宣传手册

2. 评价反思

基于学的反思：

幼儿动手设计制作 8 号线文创纪念品，并且思考、讨论纪念品的使用途径。幼儿亲身体验做"小老板"进行义卖活动，最后将义卖所得进行捐赠，给山区小孩送去温暖，收获满满的成就感。

基于教的反思：

在义卖活动中，幼儿通过相互讨论，分工合作，将自己原有的生活经验进行迁移，将日常的购物经验迁移到义卖活动中。教师能做的就是创设幼儿感兴趣的环境和平台，给予幼儿新的挑战，丰富幼儿的经验。

3. 盐田区项目式学习展评活动

师幼共同参与第二届"美好盐田"项目式学习成果展评活动。幼儿把最爱的"小 8"和系列自制文创产品带到了展评现场。

幼儿介绍自主设计的 8 号线纪念品　　　　幼儿介绍 8 号线吉祥物

4．评价反思

基于学的反思：

幼儿通过解说、展演、摊位展示等形式，让现场的所有师生都惊叹于过程中幼儿所呈现出来的自主性、探究性和创造性。

基于教的反思：

教师积极鼓励幼儿向他人表达、分享，介绍自己设计和制作的 8 号线文创纪念品和吉祥物。在幼儿需要支持时，教师及时提供多方位和多角度的支持，促进幼儿的语言表达能力。

5．绘本剧展演活动

幼儿和教师一起设计、创编绘本剧，在幼儿园内进行演出。在正式演出中，幼儿分工明确，有总导演、演员、音乐导演、服装导演等。幼儿、教师各司其职，确保演出有条不紊地顺利进行。

6．评价反思

基于学的反思：

幼儿对情景表演和角色扮演是非常感兴趣的。幼儿在活动中和同伴、教师共同商议角色分工、演员配合等，积极地投入表演，大胆地结合已知生活经验丰富表演内容，在与同伴的合作表演中灵活运用语言、表情、神态等表现故事内容。表演不仅锻炼了幼儿的社会性情感能力，对创造力和语言能力的发展也起着重要的作用。

绘本剧展演现场　　　　　　　　　　绘本剧展演现场大合影

基于教的反思：

教师应为幼儿创设良好的情景环境，满足幼儿语言发展的需要。多样的活动方式能激发幼儿参与游戏表演的积极性，还可以通过各种教学方案让幼儿自由讲述，并与同伴互相学习交流。这些都能成为促进幼儿语言交往能力的最佳机会。

二、幼儿作品及评价

序号	作品照片	教师点评
1		"8号线游玩路线图"的制作结合了幼儿、老师、家长三方力量。经历了讨论、设计、再讨论，在原来设计图上进行修改、调整，最终形成了"8号线游玩设计图"3.0版本。幼儿利用水彩笔、丙烯笔、油画棒、勾线笔等在白色A3纸上进行创作，童稚的笔触和设计呈现了独一无二的"8号线游玩路线图"。在创作的过程中，幼儿懂得聆听他人的意见，相互合作，体现了良好的人际交往能力
2		8号线吉祥物"小8"是由幼儿共同讨论设计出来的，经过了一稿、二稿、三稿的不断优化迭代，最终形成了极富盐田文化特色的吉祥物"小8"。孩子们还给吉祥物"小8"赋予了生命力，"小8"外形酷似大章鱼，身穿深圳义工马甲，佩戴"8"字帽，热爱旅行，个性活泼开朗，爱交朋友，乐于助人，主要任务是为8号线代言，宣传推广盐田文化、美景。童趣可爱的吉祥物"小8"蕴含了机关幼儿园全体幼儿对盐田本土文化的热爱和向往

序号	作品照片	教师点评
3		"8 号线列车沿途风光"帆布袋系列是幼儿结合前期对 8 号线沿途人文风光的了解，利用马克笔、丙烯、油画棒等在帆布袋上进行的创作。童稚的笔触和多彩的色调呈现了一幅幅独一无二的"山海盛颜，最美盐田"风光图，令人心生向往
4		"小 8 和盐田的故事"手工拼图由幼儿亲笔绘制，结合吉祥物"小 8"的人物特征，为其创设游玩盐田的各个场景，画面富有故事情节又蕴含盐田滨海文化特色，生动地诠释了"8 号线代言人"的角色亮点。拼图还可投放到班级语言区、自然人文区、美工区等，用于多区域材料联动。幼儿在创作过程中探究、思考、设计、实践，审美、社会化、语言表达、手眼协调等方面都得到了提升
5		"你好！地铁 8 号线"文化衫凝聚了深圳市盐田区机关幼儿园幼儿、家长、教师共同的心血。幼儿基于对地铁 8 号线以及"山海盐田"的独特感知进行设计，以盐田人民对美好生活的追求为主题，教师、家长协作为辅，使这些充满区域特色、极具代表性的作品得以诞生。纯手工制作的文化衫充分展现了深圳盐田"滨海之光"的独特魅力，体现了盐田人民热情好客的人文情怀，强烈的主人公意识扑面而来。大家共同欢迎五湖四海的朋友乘坐地铁 8 号线，来到"可盐可甜"的盐田感受生活之美

（续表）

序号	作品照片	教师点评
6		"DIY 奶油胶挂饰"手工作品运用多种开放性低结构材料，包括奶油胶、圆形木块、贝壳、干花、松果、石头、丙烯颜料等。基于地铁 8 号线的沿途景点及地域文化，幼儿分小组探究制作。创作过程中融入了幼儿对地铁 8 号线沿途"一站一景"的理解和思考。过程中教师尊重幼儿的表现和创造，并及时给予适当的指导
7		"文化扇系列"是幼儿与家长结合了对地铁 8 号线一期各站点的风景、美食、文化等方面的理解共同制作的。幼儿利用水彩笔、蜡笔等，在扇面上进行创作；一幅幅生动形象的绘画作品，体现出幼儿对地铁 8 号线沿途"一站一景"的深度了解。画面色彩鲜明活泼，让大家从中感受到盐田之美
8		"山海专列"是一个融合性的作品。幼儿结合自己了解到的 8 号线每一个站点景点的特征，讨论制作这些微缩景观需要用到的材料，制作过程运用了多种开放性低结构材料，包括超轻黏土、木块、树枝、贝壳、纸筒、积木、松果、石头、KT 板、丙烯颜料等，并分小组进行制作。幼儿分工合作，一步步推敲、制作模型，最后对成品进行固定和展示。山海专列微缩景观成品的最终呈现极富山海盐田的特色，幼儿在制作的过程中展现了团队精神和科学素养，创作过程融入了幼儿对盐田每一个景点的理解和思考，作品极具新意

（续表）

序号	作品照片	教师点评
9		《小 8 甜甜游盐田》绘本是由幼儿和教师共同设计制作的，在吉祥物"小 8"原有的基础上，为其丰富人设，设计故事场景。绘本中"小 8"化身盐田小主人公，带着"甜甜"乘坐 8 号线，畅游盐田美景，体验山海风光。绘本的每一处都蕴含着幼儿对盐田文化的热爱和向往

三、项目评价

（一）评价观

评价就是价值判断。项目式学习的中国特色建构需要价值观作为灵魂。项目式学习旨在协助幼儿还原真实世界的本来面貌，同时培养幼儿开阔的视野，广阔的人生价值格局。本次项目式学习建构基于深切的社会关怀，以此为幼儿打开一扇沟通过去、现在和未来的窗口。在这个过程中，教师致力于进行个性化的适宜性指导，让每位幼儿都成为心智自由的学习者，这样便是一次优质的项目式学习。

（二）评价工具

项目式学习采用了过程性评价量表和结果性评价量表作为评价活动的工具。（见第三节附录工具《聚焦问题评价量表》《方案设计评价量表》《解决问题评价量表》《终结性评价量表》）

四、项目反思

"你好，8 号线——探究盐田地铁文化"，是结合了盐田地铁文化和幼儿身心发展特点，适合在幼儿园开展的项目式学习。

整个项目式学习历时两个月左右，探究十分深入，过程中幼儿、教师、家长、社区多方进行了多次不同维度的互动，并跟随幼儿的兴趣点随时调整探究内容。在这个过程中，幼儿每日提出新问题，团体讨论，寻求解决问题的方法。幼儿聚焦驱动性问题共同商讨，进行了科学类、工程类、人文类的多项探究活动。科学类活动，"设计 8 号线旅游宣传手册"引导幼儿探究图标意义，认识旅游手册结构、多媒体技术手段等。工程类活动，幼儿通过团讨决定为 8 号线设计专属吉祥物"小 8"、文化衫和地铁文创纪念品等。人文类活动从艺术层面上支持幼儿更好地理解盐田文化。快板诗歌、绘本剧等都是在老师和幼儿不断探讨后选中的表现方法。此外，家长和幼儿合作拍摄的 8 号线宣传片，涵盖六个不同站点，以儿童视角带领人们领略盐田地铁文化之美。

项目式学习探究过程中幼儿有思考、有发问、有探究、有实践、有成果，集合了机关幼儿园微集团三个园所师生的智慧，生动诠释了微集团"聚核心力量，成薪火之势"的办学理念，做到了美美与共、和合共生。

附　录

附录 1：评价量表

表 1　聚焦问题评价量表

评价项目	分值评定			小组评定	教师评定
	15—20 分	10—14 分	10 分以下		
明确任务	对导入学案中的资料内容熟悉理解，并非常清楚布置的任务	对导入学案中的资料内容全部了解，并清楚布置的任务	对导入学案中的资料内容大致了解，大概知道布置的任务		
提出问题	能基于任务有针对性地提出 3 个及以上的问题	能基于任务提出 2 个问题	能基于任务提出 1 个问题		
聚焦问题	在多个问题中聚焦小组感兴趣的问题	在 2 个问题中聚焦小组感兴趣的问题	聚焦 1 个问题		
小组讨论	组员团结一致，分工合作良好，积极发表自己的意见	组员较团结，能分工合作，简单发表自己的意见	组员有分工，个别组员能发表自己的意见		
合作态度	认真听取同伴的意见和观点，遇到困难能一起克服	能听取部分同伴的观点，不能接受时会说明理由	不能听取同伴的意见		
总分					

表 2 方案设计评价量表

评价项目	分值评定			小组评定	教师评定
	15—20分	10—14分	10分以下		
制订计划	计划由全体组员制订，小组通过讨论得出最佳方案。最终的计划内容步骤清晰，拥有较高的可操作性	计划由部分组员制订，小组讨论后得出方案。最终的计划内容步骤清晰，拥有一定的可操作性	计划由少数组员制订，小组讨论后的方案步骤简单，缺乏可操作性		
图画设计	合理地设计了文字和图画说明，对设计结构的表述条理清晰	设计了文字和图画说明，但说明比较混乱，缺乏条理	缺少文字和图画设计		
小组合作	小组长组织能力强，组员积极配合，团结合作，分工合理，学习积极	小组成员分工基本合理，各成员能完成自己的任务	小组缺乏分工，出现一人包办现象，各成员不能很好地完成任务		
资料整理	能够通过各种途径获取所需信息，将收集的资料进行有效的整理	能够通过某些途径获取所需信息，能对所收集的资料进行简单的分类整理	能够通过一些途径简单获取信息，资源分类和整理清晰度不够		
方案修改	在小组合作下出色完成任务，通过小组讨论得到新的想法，进行方案修改	在小组合作下基本完成任务，能达到预期目的，进行方案修改	小组学习任务完成比较差，只对方案进行少量修改		
总分					

表 3　解决问题评价量表

评价项目	分值评定			小组评定	教师评定
	15—20 分	10—14 分	10 分以下		
学习态度	小组成员能积极投身于活动，主动提出想法，勇往直前，不怕困难	小组成员能积极投身于活动，提出想法	小组成员能投身于活动，但有畏难情绪		
合作交流	成员间能主动合作，认真倾听他人观点，对班级和小组的学习做出积极贡献	成员间能合作，倾听他人观点，对班级和小组学习有贡献	成员间合作较少，偶尔倾听他人观点		
学习技能	活动方案构思新颖，在老师或家长协助下会用 3 种及以上的方法收集、处理信息，实践方法多样	活动方案构思有一定的新颖性，在老师或家长协助下会用 2 种方法收集、处理信息，实践方法多样	活动方案构思缺乏新颖性，会收集、处理信息，实践方法较单一		
实践活动	成员能积极参与制作，能够针对任务主动准备材料并在制作后收拾材料	成员能主动参与，大部分成员能准备材料并在制作后收拾材料	成员能较主动地参与，少部分成员准备材料		
实验记录	及时完成记录，成果有新意	及时完成记录，成果有一定新意	能完成记录，成果缺少新意		
总分					

表 4 终结性评价量表

评价项目	权重	得分
1. 目标明确，能解决任务中的问题	10	
2. 活动过程真实可信，全面完整	20	
3. 涉及的问题研究方法科学合理	20	
4. 项目具有特色，亮点突出，富有新意	20	
5. 幼儿收获丰富，体会深刻，已掌握相关知识与技能	20	
6. 幼儿展示时语言表达清晰准确，过程中团结合作	10	
总分		

附录 2: 项目式学习过程中所使用的调查表

寻找地铁 8 号线沿线的景点

查找方式	□实地考察 □网上寻找资料 □观看宣传海报 □家里长辈告诉我的 □图书馆寻找		
景点名称			
幼儿绘画景点			

🚌¥ **"8 号线初印象"调查表**

2020 年 10 月 28 日 8 号线开通啦！8 号线给盐田带来了新变化，小朋友们，你们都发现了吗？让我们一起开启"8 号线初印象"之旅吧！请爸爸妈妈引导宝贝一起初探地铁 8 号线，可用绘画、照片等形式来记录哦！

姓名：_____　　　　班级：_____

我知道的 8 号线（有几个地铁站点、分别是什么，沿途有哪些特色景点）	
离家最近的地铁站叫什么名字？回家时走哪一个出口？	
画一画家门口的地铁站	

🚃 **绘制路线图**

姓名：_____　　　　班级：_____

小朋友们，离你们家最近的地铁站是什么呢？快来画一画从家门口到地铁站的线路图吧！

"你好，8号线"吉祥物亲子设计手稿

姓名：_____　　　　班级：_____

吉祥物名称	
吉祥物设计说明（包括设计思路、意义等）	
吉祥物设计手绘图	

"你好，8号线"文化衫设计手稿

班级：　　　　　　　设计师签名：

文化衫主题	
文化衫设计灵感来源	
文化衫设计手绘图	

案例三　探研深圳地铁 8 号线——以盐田路站为例 *

项目方案

一、课程名称

探研深圳地铁 8 号线——以盐田路站为例

二、适用年级

幼儿园大班

三、总课时

1 个月

四、涉及领域

健康、语言、社会、科学、艺术

五、课程简介

本课程基于孩子们对地铁站出站口指引的探究兴趣，结合《指南》目标，以深圳地铁 8 号线盐田路站为载体，推进家庭、社区、幼儿园三位一体紧密合作。课程设计坚持以贴近生活、解决生活问题为导向，包含"我身边的地铁站""如何乘坐地铁""盐田路站出口指引大探秘及优化设计""美丽盐田路站里的故事"等系列活动。活动运用盐田区教科院研发的幼儿园项目式学习框架——"大项目，小活动"，让幼儿在自主学习中获得对于地铁的认识与理解。该活动项目将抽象的不容易理解的知识转化为幼儿喜爱的故事，运用适合幼儿的学习方式，培养善于发现、创造力强、有热情的学习者。通过开展一系列的活动，让幼儿在真实的生活情境中亲身体验深圳地铁文化，支持和满足幼儿获取生活经验的需要；让幼儿通过体验发现并探索解决地铁站平面出入口指引不够直观的问题，提升其创新思维能力；让幼儿在

＊ 本案例由深圳市盐田区明珠幼儿园提供，张浪月、李幼琴、黄守惠共同执笔。项目主要成员有张浪月、李幼琴、黄守惠、关安平、丘海孟、龚泽贝、蔡依婷、李雅兰、温舒芸。

这种富有时代文化背景的活动中开阔视野，增长知识与见闻，促进其综合素养的发展。

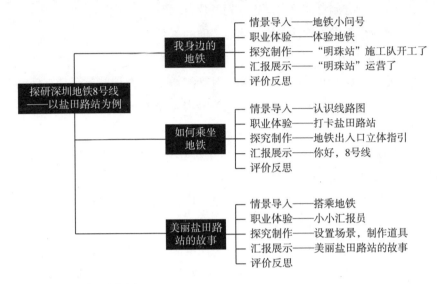

六、课程资源分析

社区资源：地铁8号线盐田路站毗邻幼儿园，方便幼儿进行实地考察。

家长资源：家长职业资源（检票员、地铁安保人员、列车长、安检员等）为幼儿对地铁站的人文环境及其功能的研究提供信息指导。

幼儿园资源：丰富多元的材料、项目式学习专项教研组。

七、课程目标

（一）活动总体目标

项目式学习与《指南》目标相结合，给幼儿创造一个亲近社会、了解社会、参与社会活动的自主学习机会。让幼儿在富有时代文化背景的活动中开阔视野，增长知识与见闻，并在老师的引领和家长的协同下，通过亲身参与、探索，获得社会情感的体验和生活经验的积淀，促进综合素养的发展。

（二）具体目标

1. 知识与技能

（1）了解地铁的内外部基本结构特征。

（2）懂得乘坐地铁的基本常识。

（3）认识并了解地铁站里人文环境的特征和功能。

（4）初步学会制订简单的调查计划并执行。

（5）初步学习常见物体结构与功能之间的关系。

2. 过程与方法

（1）通过组织幼儿开展查阅资料、实地考察、调查访问等活动，使幼儿了解地铁站里的人文环境（人、事、物）及其功能特征，在活动中掌握一些探究技能。

（2）通过组织幼儿设计调查问卷和计划清单，整理数据，使幼儿初步掌握整理、分析、呈现、运用资料的方法。

（3）通过组织幼儿汇报展示探究成果，培养幼儿的交流与表达能力。

3. 情感、态度与价值观

（1）通过开展探究活动，培养幼儿关注生活、积累经验的良好习惯。

（2）培养幼儿运用跨领域的知识与方法积极主动、有创造性地解决问题的能力；使幼儿进一步了解盐田，激发幼儿热爱盐田、建设盐田的情感。

（3）通过探究活动培养幼儿的合作精神，不断进取、不轻言放弃的探索精神；让幼儿形成主动关心他人、关心社会、关爱自然的社会责任感。

（4）让幼儿初步了解人们与自然环境的密切关系，形成环保的意识，体验到实践活动的快乐。

（5）通过活动，让幼儿感受科技给人们的生活带来的便利，建立对祖国科技发展的自豪感，初步培养幼儿科技兴国的认识。

八、活动安排

（一）课程实施时间安排及说明

我们的地铁项目课程来源于生活，生活是最好的教育。本次地铁项目式学习相关内容贯穿幼儿一日生活的每一个环节，重点体现在小组讨论、集体教学活动、区域自选活动、分享回顾等环节。

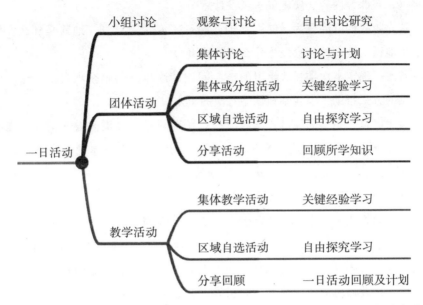

（1）小组讨论：通过讨论提出有关项目式学习的话题，小组成员发表自己的见解，提出自己的意见，要为每一个成员提供思考、表达的机会，以帮助幼儿确定自己的学习计划；通过自主学习小结或餐前活动进行分享，介绍学习成果或解决问题的经验，激发进一步思考探究的方向。

（2）集体或分组活动：教师对项目式学习中的预定目标、幼儿的学习进度及幼儿的兴趣点进行综合考虑，提炼出项目教学中幼儿需要学习的关键知识经验。以教师为主导、幼儿为主体的形式，进行集体或者小组的学习，此环节中知识点要求有价值，形式要求以幼儿体验、操作、团队合作为主。

（3）教学活动：在教学活动时间，教师与幼儿共同讨论今日需要准备的问题，幼儿自选材料，自由选择同伴解决问题。教师将项目式学习中的知识点、集体或小组活动中的新知识、幼儿需要反复操作体验的实验等制作成工作盘，幼儿可以按自己的意愿自由选择，反复操作，对知识进行理解和内化吸收。此环节要求将知识点融入操作材料，并适当提供指引和错误订正，使幼儿可以脱离教师的指导和控制，自己进行学习。

（二）课程内容、实施要求及设计意图

首先，我们以问题为导向引导幼儿制订探究学习计划：地铁是什么？如何乘坐地铁？地铁站里会发生什么样的故事？

其次，确定本次项目式学习的核心问题，逐步开展整个项目：如何用简单易见的方式帮助人们找到地铁站对应的出入口？

再次，基于完整的项目式学习流程：发现问题→提出假设→调查研究→论证假设→得出结论，通过家庭、社区、幼儿园三位一体紧密合作，开展"我身边的地铁""如何乘坐地铁""美丽盐田路站的故事"等系列活动，让幼儿在真实的生活情境中获得综合素养的发展。

评价的方式主要是过程性评价，以情景剧表演、艺术作品展览、地铁游戏为主要形式。通过让幼儿对所学知识进行角色化、情境化加工，登台演绎，强调语言、肢体动作、情感的全方位参与；利用回顾交流、图片粘贴、幼儿绘画、家长教师协助记录等形式，引导幼儿在归纳总结知识的基础上，通过分享交流、粘贴、绘画等方式对知识和探究过程进行整理和表达，有效地呈现学习的痕迹和成果。

活动设计思路
　　我们身边的地铁　　　　了解地铁站的基本结构
　　如何乘坐地铁　　　　　树立正确乘车意识
　　美丽盐田路站的故事　　激发热爱家乡的情感

项目实施

一、项目实施过程

（一）我身边的地铁

1. 情景导入——地铁小问号

首先，幼儿在一次区域活动中共读绘本《地铁狮子号》后对地铁产生了浓厚的兴趣。幼儿展开了激烈的讨论。

幼儿 A：狮子列车长好酷啊！

幼儿 B：为什么地铁能开进水里？我们生活中的地铁能开进水里吗？

幼儿 C：咦，我们幼儿园附近也有地铁站，是地铁 8 号线。

幼儿 A：我和妈妈出去玩坐过地铁 8 号线。

幼儿 C：坐地铁的时候我发现地铁跑得好快！

幼儿 D：我还没坐过地铁呢！

幼儿 E：我坐过，地铁站好大好大，而且在地下呢。

老师：哇，周末可以让爸爸妈妈再带你们去体验，我们一起去盐田路站探秘吧！

于是，幼儿带着好奇，开始盐田路站大调查，观察和体验地铁里面有什么。

幼儿阅读地铁绘本

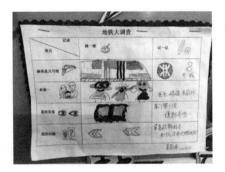
地铁大调查

幼儿通过周末乘坐地铁的体验，发现地铁站很大而且是在地下，地铁的速度非常快，同时幼儿对地铁也产生了一系列的疑问。

幼儿 A：地铁站为什么在地下？

幼儿 B：地铁的速度有多快？

幼儿 D：地铁是怎样建起来的？

幼儿 E：地铁有多长？

幼儿 F：地铁里有好多标志，这些标志是什么意思呢？

幼儿 G：地铁站好多人，为什么他们都选择去坐地铁呢？

幼儿 H：世界上的地铁都是一样的吗？

幼儿通过统计每个人的疑问，制作了"地铁小问号"统计表，也通过讨论、查找资料了解了世界上各式各样的地铁站、地铁，并开展了"我是地铁设计师"活动，设计了各式各样的地铁。在解答"地铁小问号"的同时，幼儿决定制作调查表，利用国庆假期开展亲子调查活动。

我是地铁设计师

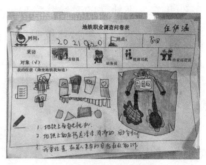
地铁职业问卷表

2. 职业体验——体验地铁

幼儿通过地铁调查活动，分享了对地铁乘坐流程、地铁站里的安全标志、出入口指引标识的认识，幼儿对安全标志的见解都很独特。他们首先分享自己见过的安全标志，一起讨论标志所代表的意义后共同绘制标志。

幼儿 C：我认识这个标志，这是禁止携带危险品。

幼儿 D：这个标志是安全逃生出口，它很神奇，会自己发光。

幼儿 E：这个是禁止携带宠物与禁止吸烟！

幼儿 F：站在黄线外等候，这个我认识！

幼儿 D：这个是 D 出口，我就是从这里出站回家的。

幼儿采访工作人员

幼儿设计盐田路站指引图

幼儿绘制标志与设计盐田路出入口指引图后，对8号线盐田路地铁站的设施设备产生了好奇，家长便自发组织活动——采访站长。在采访活动中，幼儿化身"小小记者"，对地铁站工作人员进行了采访，了解他们的工作职责与地铁相关设备。在分享环节，孩子们创想在幼儿园建造"明珠幼儿园地铁站"，并开始组队设计地铁站平面图。

幼儿采访站长　　　　　　　　　幼儿讨论地铁平面设计图

在设计地铁平面图后，小朋友们投票选出一张设计图，开始组队打造"明珠幼儿园地铁站"，明珠工程队自发组队成功。

3. 探究制作——"明珠站"施工队开工了

首先，幼儿根据地铁站平面设计图，搜索资料寻找搭建方法、搭建材料。

幼儿从家里收集了一些废旧辅助材料，开始与班级积木混合搭建。在搭建过程中，发现材料与场地不能支持搭建，便开始寻找新材料，更换搭建场地。

幼儿查找资料　　　　　　　　　幼儿检验搭建材料

幼儿搬运搭建材料

接着他们继续搭建地铁，分成测温门小组、刷卡机小组、厕所小组、饮料售卖机小组、安检机小组、售票机小组，每个小组都投票选出了组长。幼儿在各自组长的带领下忙碌着。

幼儿 G：我们要建造测温门，应该建造在哪里呢？

幼儿 H：地铁进站顺序是买票、测温、过安检，我们应该建在安检机前面。

幼儿 G：那我们和安检小组一起，建造在他们前面吧！

测温门　　　　　　　　　　　　　　　刷卡机

厕所　　　　　　　　　　　　　饮料售卖机

饮料售卖机那一组状况百出，不一会儿饮料机又倒了，引起了许多成员的讨论。

幼儿 I：糟糕！饮料机"塌方"啦！

幼儿 J：饮料机为什么会"塌方"？

幼儿 K：可能是下面我们没加固好。

幼儿 I：下面的底太细没撑住。

幼儿 L：我觉得是底部没有固定，然后就倒塌了。

幼儿 I：什么东西能让它稳稳固定住？

第一次尝试：

幼儿重新搭建，搭好后幼儿用脚踩住，用手扶住，可是一放开手和脚，饮料机又倒了。

第二次尝试：

幼儿换一种短一点的积木，积木与积木之间有个槽，可以卡住，把积木对齐，然后一层又一层像盖房子一样叠上去，这样就牢固了。饮料机终于搭建成功。

经过不断地验证和搭建，"明珠站"在孩子们的坚持不懈下完工了。为了更好地让同伴体验"明珠站"，孩子们自主寻找材料，制作了标识标签。一切准备就绪，开始运营"明珠站"啦！

明珠地铁站

4. 汇报展示——"明珠站"运营了

　　幼儿在"明珠站"内进行演绎，分工明确，有安检员、检票员、列车长、安全员、医生、乘客等。幼儿各司其职，地铁内乘客"状况百出"，但工作人员应付自如，地铁站有条不紊地顺利运营着。

幼儿乘坐地铁

5. 评价反思

基于学的反思：

教师引导幼儿总结自己的游戏过程、分析游戏过程的优劣、反驳他人的观点等，进一步提升复述、概括、提炼、分析、批判、推理等能力。在幼儿园建构游戏的组织过程中，教师利用图片和视频让幼儿建立起地铁的初步概念，幼儿也基本找到了自己的建构兴趣点。通过小组合作的形式，完成"建构游戏计划表"，通过计划分享，幼儿参与游戏的计划性和任务意识得到提高。在反思环节，幼儿能够讲述自己在体验过程中的困惑，这有助于进一步的探究学习。

基于教的反思：

在项目生发前，教师通过访谈、调查，和幼儿共同绘制主题网络图；在项目发展过程中，通过观察、记录，关注幼儿遇到了什么问题、发现了什么问题、解决了什么问题，及时鼓励幼儿运用计划、绘画、建构、记录等形式表达从项目中学到的一切；在项目结束阶段，通过师幼回顾，共享学习经验。

（二）如何乘坐地铁

1. 情景导入——认识线路图

首先，幼儿通过查阅相关地铁图书，了解乘坐地铁时如何看线路图。教师在班级中分享资料，幼儿了解到不同颜色代表的线路是不一样的。线路不仅有颜色分别，还有数字标记和文字标记，孩子们展开了激烈的讨论。

幼儿 A：为什么线路图有不同的颜色？

幼儿 B：是呀，它看起来像蚯蚓一样弯曲着身体。

幼儿 A：你看，线路图上面有好多颜色，为什么呢？

老师：我们一起去查一查，看看地铁线路图为什么是这样的。

于是，幼儿带着问题，开始查阅线路图的含义。

幼儿查阅线路图　　　　　　　　　　　幼儿讨论线路图

幼儿通过阅读绘本及讨论已经对地铁线路图有了基本的知识经验。为了加深幼儿对地铁线路图的认识，班级群发起实践活动，让家长利用周末时间带领幼儿实地考察。此次活动中幼儿对线路图的分享更加精彩。

幼儿 C：线路图比我想象的还要错综复杂。

幼儿 D：原来沿着颜色就能顺利到达下一站。

幼儿 E：原来路线的相交处就是可以换乘不同的地铁。

幼儿 F：不同的线路上面标记的文字、数字、颜色都不一样。

幼儿对线路图有了实际的探索经验，因此在班级开展了乘坐地铁大讨论。在讨论过程中，幼儿的相关经验比较丰富，知道乘坐地铁需要购票、通过安全检查、找到需要乘坐的线路等。

2. 职业体验——打卡盐田路站

幼儿对如何乘坐地铁进行了相关的讨论，提出了许多问题。为了让幼儿清楚地认识乘坐地铁的流程，班级展开了亲子实践活动，实践活动结束后，幼儿在班级里进行了一系列的"大揭秘"。

幼儿 C：乘坐地铁前一定要找好地铁入口。

幼儿 D：乘坐地铁前需要购买地铁票。

幼儿 E：是的！可是我们小孩子不用购买地铁票哦。

幼儿 F：如果你携带了水壶，安检叔叔一定会把你的水壶拿去检查。

幼儿在与家长的共同探讨中，了解了乘坐地铁的知识，并用绘画的形式记录下自己的出行。在回顾环节中幼儿还从乘坐地铁中获取了许多文明礼仪知识，并和同伴一起记录自己的小发现和小疑问。

幼儿和家长制订出行计划

幼儿实践购买地铁票

幼儿实践过安检

幼儿实践刷卡入站

幼儿A：乘坐地铁一定不能携带动物吗？

幼儿B：乘坐地铁时，不能在车厢里面随便玩耍、奔跑。

幼儿A：乘坐地铁要文明，不能抢占位置。

幼儿实践讨论

接下来孩子们带着自己的疑问进行了一系列的讨论活动。

幼儿 F：我要出站的时候怎么才能找到正确的出站口呢？

幼儿 H：我们可以问爸爸妈妈呀。

幼儿 G：我觉得应该问地铁站的叔叔阿姨。

老师：你们见过地铁口的出入口指引图吗？

幼儿和教师共同查阅、收集资料。

幼儿 F：我们周末可以和爸爸妈妈一起去看一下。

幼儿 D：是的，我好想去看一看！

于是孩子们再次踏入地铁站，解答自己的疑惑。

体验后收获的新疑问：

幼儿 C：这个图片太复杂了，看得我头痛。

幼儿 D：这个图片和地铁线路图好像。

幼儿 E：是的！但是上面多了一些英文字母。

幼儿 F：老师，这个图片只有你们大人才能看懂，有没有我们小孩子能看懂的指引牌呢？

幼儿 B：我们可以设计给小孩子看的指引牌。

幼儿观察地铁指引牌

3. 探究制作——地铁出入口立体指引

在探究制作环节，孩子们确定了任务。首先，他们调查了地铁的每一个出口有哪些建筑物，能通往盐田的哪些旅游景点，如：D 出口能通往大梅沙与东部华侨城。然后，再将每个出口与建筑物一一对应起来，在家人的辅助下完成亲子调查问卷。

幼儿 A：我发现从 H 出口出来就是我家。

幼儿 E：我可以从 D 出口走到海鲜街，我妈妈最喜欢吃那里的肠粉。

幼儿 C：你们看，F 出口可以到人人乐超市，我常来这里买玩具。

幼儿 A：盐田路地铁站外面有这么多好玩的和好吃的，我要介绍给大家认识。

深圳地铁8号线盐田路站调查表

幼儿讨论地铁出口平面图

亲子绘制的地铁宣传海报

幼儿了解盐田路地铁站各出入口周边环境后，在老师的引导下构思地铁站出入口立体指引的设计并进行绘制。

幼儿回顾实践经验，讨论甄别适合制作盐田路地铁站出入口立体指引的材料、工具，并在老师的辅助下根据图纸进行建构。

幼儿进行第一次建构

幼儿进行第二次建构

幼儿拼搭后，发现房屋与盐田路站外围的方向不一致，通过讨论，幼儿决定将房子重新定位，再次摆放。于是他们进行了第二次的建构。幼儿分工合作进行造型、色彩的搭配及表面的装饰，以及地铁站口、建筑物标志等简单标识的设计粘贴。

幼儿二次摆放后进行涂色

4. 汇报展示——你好，8 号线

幼儿在班级中分享、展示自己制作的立体指引、安检机、刷卡机等，并邀请其他幼儿参与体验。

幼儿展示出入口立体指引

5. 评价反思

基于学的反思：

幼儿通过调查了解到人们对于地铁 8 号线出入口的想法，在过程中，幼儿认识到不同人站在不同的角度会看到不同的世界，同时也锻炼了倾听与表达能力。

基于教的反思：

在制作的过程中，幼儿既需要对方位有较为清晰的认识，也需要发挥自己的创造能力。对于幼儿来说，能通过自己动手去改变世界是一件伟大的事。在幼儿需要支持时，教师要及时提供多方位和多角度的支架，促进幼儿创新思维的发展。

（三）美丽盐田路站的故事

1. 情景导入——搭乘地铁

首先，幼儿讨论自己是如何搭乘地铁的，教师帮助幼儿回忆并梳理搭乘地铁的步骤：进站—乘车—出站。幼儿与同伴交流乘坐地铁时的一些场景。教师提出疑问，引发幼儿新一轮的思考。

幼儿A：我跟妈妈乘坐地铁时，给一位奶奶让座了。

幼儿B：地铁上有好多好多的人。

幼儿A：帮我安检的那个哥哥好帅。

老师：大家来说一说，地铁里都会有什么样的人呢？

于是，幼儿带着问题，与小伙伴一起讨论地铁里都有哪些人。

2. 职业体验——小小汇报员

幼儿通过观察和查阅资料，发现地铁里有很多的人，如站长、安检员、治安巡逻员、乘客等。于是孩子们决定演出一幕关于盐田地铁站的剧。他们开始了分工合作，一组讨论故事需要的角色，一组讨论故事需要的道具，一组讨论故事情节。每一组都与表演息息相关，密不可分。然后，每一组选出一个代表进行讨论分享。

幼儿C：地铁站里安检员很重要，他要负责安全。

幼儿D：我要选一首好听的歌！

幼儿E：我们需要椅子。

幼儿F：这个故事发生在盐田路地铁站。

接着，幼儿开始讨论地铁站里发生的具体故事与需要的道具。

3. 探究制作——设置场景，制作道具

首先，幼儿确定了演出的主题——介绍美丽盐田路站的故事。他们需要创设故事的场景，于是，他们用粘贴、绘画的方式自制绘本。

幼儿讨论地铁站里的趣事　　　幼儿与教师一同讨论地铁故事剧本

幼儿首先选择自己喜欢的颜色，仿制地铁站的样子，绘制了一幅幅动人的地铁站图景，还和爸爸妈妈一同利用废旧材料制作立体模型，看起来就像是真的地铁站。

故事绘本　　　　　　　幼儿画的地铁站　　　　　亲子手工作品

接着他们进行了投票与讨论，确定了剧本。

幼儿 F：我们要表演盐田路站的故事，需要有人演里面的角色。

幼儿 H：那我们演什么角色呢？

幼儿 G：我们演乘客和安检员吧！我喜欢安检员。

老师：你们演的是盐田路地铁站的故事，除了乘客和安检员，还有谁呢？

幼儿和教师共同深入讨论剧本中还可以出现什么角色，幼儿调整了演出方案。

幼儿 F：那我们再来几个人跳舞吧！

幼儿 D：我会跳舞！我来吧！

于是幼儿再次调整道具和剧本，进行编排。他们依旧分为三组，一组准备道具，一组确定故事的场景设置并准备材料，还有一组负责表演。

幼儿与老师共同编排剧本　　　　　　　　幼儿排练

4. 汇报展示——美丽盐田路站的故事

幼儿在园内进行演出。在正式演出的环节，幼儿分工明确，有总导演、演员、音乐导演、服装导演等。幼儿各司其职，还邀请了家长、老师一同参与，确保演出有条不紊地顺利进行。

正式演出

5. 评价反思

活动中准备材料时，教师始终是幼儿的参谋和助手。当幼儿想要制作背景时，尽管教师发现这与自己原先的想法不符，但还是支持了幼儿的想法。

教师提供材料的目的是支持幼儿的活动。制作道具本身就是一个可以给幼儿带来快乐，蕴含着丰富学习机会的活动。教师不能为追求表演结果或节省时间而忽略这个颇具教育价值的环节。

幼儿的讨论可以为下一次的活动做铺垫，深入探究与学习。教师应为幼儿的讨论营造一种民主平等的气氛。

二、幼儿作品及评价

"探研深圳地铁 8 号线——以盐田路站为例"成果展示

班级环境创设

亲子手工

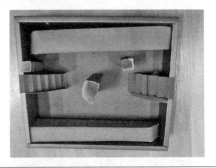

亲子地铁海报

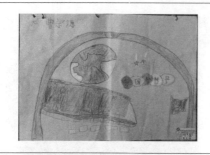

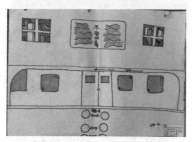

亲子地铁站主题墙宣传海报

（续表）

亲子地铁站主题墙宣传海报

亲子地铁故事绘本

（续表）

亲子地铁故事绘本
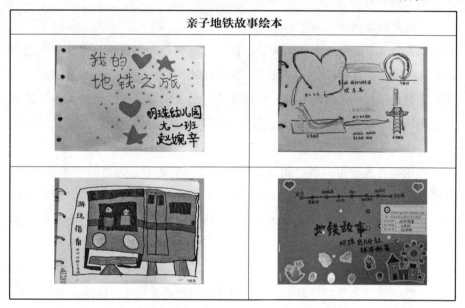

情景剧《美丽盐田　从心出发》

　　活动成果有环境创设作品、手工作品、故事绘本以及情景剧等，形式丰富多样。丰富多彩的活动让幼儿感受到了地铁文化的魅力，激发了幼儿的内在学习动机。手工作品体现了幼儿对于地铁站结构的了解，以及对于周边事物的发现与认识。这些活动，让幼儿更直观地感受地铁在现代城市交通中的作用，了解地铁相关知识，增强安全出行意识。

三、项目评价

（一）评价观

幼儿是天生的学习者和探究者。他们对感兴趣的事情格外专注，应当激发他们主动探究、积极尝试的热情。"探研深圳地铁 8 号线——以盐田路站为例"项目式学习包含问题聚焦、实地考察、创想设计、建造地铁、地铁游戏体验等活动，幼儿运用各种方法解决问题，包括计划、调查、观察、合作、验证、优化等，成为整个项目主动学习的主体。

本次项目式学习，通过阅读、网络搜索、实地考察、访问等多种方式，让幼儿了解地铁的功能、特点及相关设施，并通过建造地铁模型，将经验转化为实际的应用。最后，在游戏体验中，幼儿习得乘坐地铁的流程、购票的方法、坐地铁的礼仪等社会经验。

（二）评价内容及手段

在整个项目式学习过程中，孩子们以深圳地铁 8 号线盐田路站为探究点，通过亲子社会实践、同伴之间的交流分享、表达观点、合作解决问题等，不仅了解了地铁的设计、运营、建造等知识，语言、社会、健康、艺术等各领域能力得到提升，也习得积极参与、体验和反思的学习品质，感受到了科技给人们的生活带来的便利，萌发了科技兴国的社会责任意识以及热爱盐田、建设盐田的美好情怀。

四、项目反思

（一）项目亮点

整个项目式学习过程中教师和幼儿组成学习共同体。教师关注幼儿的兴趣点，以问题情景为导向，积极准备了与地铁主题相关的学习环境，协助幼儿制订学习计划，激发了幼儿的内在学习动机；在项目发展过程中，教师通过观察、记录，关注幼儿学习过程，思考活动趋向、支持策略等，鼓励幼儿习得计划、绘画、建构、记录等学习方法；让每个环节都成为幼儿真实的学习，有效促使幼儿将习得的学习经验迁移到其他学习活动中；家长带领幼儿实地考察，帮助幼儿进行多形式表征。这些方式为幼儿提供了最直接的生活经验，激发了他们创作的灵感。

1. 丰富幼儿经验，生发探究兴趣

地铁是什么？怎样搭乘地铁？地铁站有哪些设施？这些都是激发幼儿内在学习动机的问题情境。于是，教师积极准备了与地铁主题相关的绘本、视频、图像等；家长带领幼儿实地考察，亲自搭乘地铁，参访地铁工作人员；家园共同协助幼儿制订建构计划，帮助幼儿进行多形式表征。这些方式为幼儿提供了最直接的生活经验，是他们继续创作的灵感源泉。

2. 真实的生活情境成为幼儿的学习课堂

在搭建"地铁站"的游戏中，教师提供了木板、木梯、拱门、纸砖等低结构材料，幼儿可以根据自己坐地铁的生活经历，搭建"地铁入口""售票处""轨道"等，将真实的地铁场景搬回课堂。在游戏体验中，习得坐地铁的流程、购票的方法、坐地铁的礼仪等社会经验。因为游戏情景来源于实际生活，所以他们也能将学到的知识回迁到生活中，解决复杂的现实问题。

3. 敏锐观察幼儿，多方法提供支持

教师在项目实施前，及时关注幼儿的兴趣点；在项目实施过程中，通过观察、记录，关注幼儿学习过程，思考活动趋向、支持策略等，如：激发已有经验、角色引导、提问启发、行为暗示等；鼓励孩子运用计划、绘画、建构、记录等学习方法；让每个环节都成为孩子真实的学习。

教师在开展自主游戏前，引入游戏主题，协助幼儿自主拟定计划，用图文的形式表征，通过张贴游戏计划让环境"说话"，组织幼儿分享和讨论。在这一过程中，幼儿能更加明确自己的目标，主动思考如何达成这一目标。

（二）项目优化

1. 在反思和回顾中促进幼儿深入学习

教师可引导幼儿总结自己的游戏过程，分析游戏过程的优劣，让幼儿尝试反驳他人的观点等，进一步提升复述、概括、提炼、分析、批判、推理等能力。

在幼儿园建构游戏的组织过程中，教师利用图片和视频让幼儿建立起地铁的初步概念，幼儿也基本找到了自己的建构兴趣点，小组合作完成了计划表。通过计划分享，幼儿参与游戏的计划性和任务意识得到提高。

2. 引导幼儿发现问题

在近一个月的项目式学习过程中，幼儿在体验或操作时不断提问，不断寻找解决问题的方法。教师可引导幼儿发现实践中遇到的问题并用心思考解决问题的方法或途经。

3. 教师自我成长

在本次项目式学习中，教师要撇开"预设"的模式，看到并认可儿童非同寻常的学习欲望。学习在教育经验逐步形成的过程中建构教育经验，而不是在获得教育经验之前做各项忽视儿童需求的单向准备。

教师的观察、分析判断能力应逐步提升。要学会准确捕捉和判断幼儿学习行为中重要的、有意义的事件，运用各种方式有效介入。教师在建构环境时需要逐步适应双重角色——既是幼儿学习的好伙伴，又是整个学习活动的促进者。

附 录

附录 1:"地铁大调查"

项目	画一画	记一记
乘坐几号线		
和谁一起		
我的发现		
我的问题		

附录 2: 采访记录

时间		地点	
采访对象（√）：安检员（ ） 站务员（ ） 值班司机（ ） 治安巡逻员（ ）			
我的收获（乘坐地铁我知道）			

附录 3：我的地铁出行计划

调查人		日期	
我的目的地和同行人员			
我的出行路线			
我的购票方式			
我的出行必备清单			

案例四　船的奥秘*

项目方案

一、课程名称

船的奥秘

二、适用年级

幼儿园中班

三、总课时

3个月

四、涉及领域

科学、社会、语言、健康、艺术

五、课程简介

古者观落叶因以为舟，水行而山处，以船为车。船不仅承载着地域间的交流，更蕴藏博大的人文价值和精神。穿城而过的海浪是城市的血脉，船也成为盐田区繁荣与昌盛的承载者和见证者。梅沙幼儿园位于盐田区梅沙社区，依山面海，因此，船是幼儿生活中常见常听常谈的事物之一。项目希望培养幼儿搏击风浪的勇气和乘风破浪的品格，沉淀舟船历史文化。

项目根植于幼儿真实的生活情境，围绕幼儿感兴趣的问题，组织开展"知晓船知识，奠探索基础""畅玩游艇会，亲身体验船""制作未来船，挖掘船文化"等活动。让幼儿利用丰富的生活经验和社区资源，亲

＊　本案例由深圳市盐田区梅沙幼儿园提供，廖柳鸿执笔，项目组主要成员有张燕、廖柳鸿、韩冰等。

身体验和充分观察，进行实践和应用，设计出自己独特的和面向未来的船。

六、课程资源分析

第一，依托地理位置和家长资源。盐田区梅沙幼儿园所处的盐田港地理位置独特，毗邻国际金融、贸易和航运中心香港特别行政区，是中国华南地区重要的集装箱运输港。盐田港有多家集装箱运输公司和多艘观光船，幼儿园很多家长都从事与船相关的职业，因此本次项目家长资源丰富。家长与教师一起进行头脑风暴，为此活动建言献策，发挥家长关于船的特长，为孩子们提供更多有关船的资源。

第二，依托幼儿园自身资源。幼儿园拥有与船相关的大型设施设备，如幼儿园大门形状为帆船、操场拥有海盗船运动场地等，同时可提供许多关于船的开放性材料。

第三，依托社区资源。可充分开发、利用社区周边资源，如梅沙社区依山面海，积淀了许多关于船的文化和设施，可以开展相关活动。

第四，引入社会资源和企业资源。盐田港拥有港口产业、物流产业、配套产业等企业资源，如盐田港集团等。

七、课程目标

五育融合教育不仅有鲜明的时代背景，也有深厚的理论渊源。在时代背景方面，主要呼应了党和政府提出的德智体美劳"五育"并举的教育方针和对教育目标的重新定位。基于此，本课程将五育并举作为主要目标，分为德智体美劳五个维度：

德育：了解船的历史，了解黄河、长江与海洋共同孕育的中国舟船文化，尊重船舶建造者。

智育：提高幼儿动手操作能力、问题分析与解决能力、沟通协作能力、自主学习能力，使幼儿能够聚焦真实问题，在学习过程中思考、分析、创造，培养幼儿高阶思维能力。

体育：在项目式学习中，幼儿通过亲身体验和操作，增强身体素质，提高基本活动能力和运动技能水平。

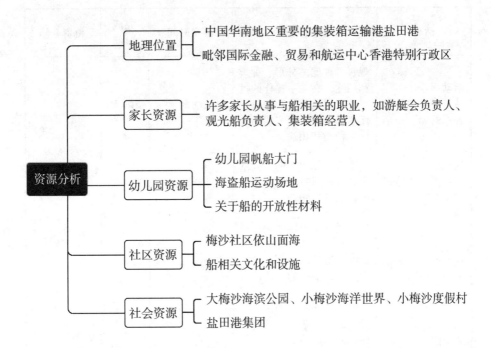

美育：引导幼儿初步感知真船和美术作品中船的形式美和内容美，并通过多种工具和材料的操作或运用造型、色彩等艺术手法表现船的美，提升幼儿的审美和创造能力。

劳育：通过了解船工，树立劳动最光荣、劳动最崇高、劳动最伟大、劳动最美丽的观念。通过职业体验，树立劳动创造美好生活的认识，培养勤俭、奋斗、创新、奉献的劳动精神。

八、活动安排

（一）课程时间安排及说明

具体的课程活动、时间安排及说明，如下表所示：

活动	探究内容	落实时间	完成时间	负责老师
活动一： 情景导入"各种各样的船"	观察各种船的外形、种类和用途。在动手操作的过程中，通过对比和记录操作单的方式来探究船的外形、种类和用途	晨谈活动	第 4 周	
活动二： 职业体验"参观游艇会"	在参观活动中了解船的基本结构，通过观察初步了解船的整体构造	户外活动	第 6 周	
活动三： 科学探究"探究船的沉浮"	探索活动中大胆猜测，通过观察和实践操作，探索影响船沉浮的因素，尝试用适合、流畅的语言进行表达	主题探究课程	第 8 周	
活动四： 工程制作"未来的船 1"	通过活动了解船的尾气对环境的污染。 知道从能源角度船可分为蒸汽动力船、内燃机动力船、电力推进船等	区域活动、小组探究活动	第 13 周	执教老师： 廖柳鸿 韩冰 指导老师： 张燕
活动五： 工程制作"未来的船 2"	开动脑筋，自主或合作设计出未来的船，通过描述和绘画的方式呈现。通过大胆想象及合作，利用废旧物品创造出未来的船	区域活动、亲子活动	第 15 周	
活动六： 汇报展示"未来船"	通过故事表演、介绍、抢答、思考问题等方式呈现幼儿对所学内容的理解	汇报展示	第 19 周	
活动七： 评价反思 三方家长会"我和轮船的故事"	通过三方家长会，回忆和表述在探究的过程中参加过的活动以及获得的经验	家长会时间	第 20 周	

（二）课程实施和设计思路

1．实施框架

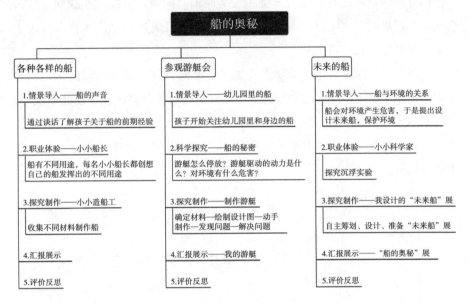

2．课程实施

课程方案实施是通过项目资源的利用联结起来的教师与幼儿指向项目目标的运动，是实现项目的实践过程。主要包括学习环境、教育教学活动、家园合作。

学习环境是课程的重要组成部分，能有效促进幼儿全面发展。要基于此创设具有船文化的班级环境，使幼儿潜移默化、耳濡目染地学习中国船的发展史，以及关于船的故事或成语，让幼儿了解中国是世界上最早制作出独木舟的国家之一。同时，幼儿参与物质环境创设，和教师、同伴一起进行室内环境创设，促进动手能力、思维创造能力和社会交往能力。此外，各种活动区域也是班级环境的重要组成部分，是实施课程的重要途径。因此，教师应在活动区域投放足量的有关船的操作材料，或幼儿的作品，使学习环境具有互动性和操作性。

教育教学活动是教师围绕活动目标，有组织、有计划地指导幼儿进行的活动，包括集体活动、区域活动、生活活动和游戏活动。为了更好地指导幼儿进行活动，我们成立了教师学习共同体，开始与幼儿一起进行科学探索。教师提前系统全面地学习与船相关的知识和经验，精读船文化书籍，与学习共同体分享讨论，提升自身关于船的人文底蕴。同时，依托"互联网＋"云系统，学习巩固"大项目，小活动"的项目式学习流程，并依据自身班级实际情况开展项目式学习。

家园合作是课程实施的重要途径之一。家园合作将幼儿在园所学知识和经验延伸至家庭生活中，使幼儿所学所用具有连续性和系统性。在此项目中，教师鼓励家长参与项目，成为推进项目的协同者。同时，挖掘和依托社区资源，与社区建立互惠合作关系，实现幼儿走出幼儿园，走进社会，基于真实生活情境解决真实问题。

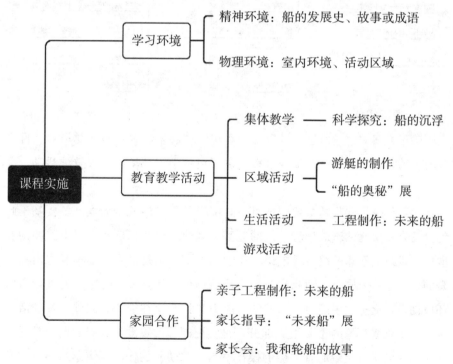

3．设计思路

首先，通过谈话分析幼儿已有经验，吸引幼儿主动参与。

　　其次，参加游艇会，实地观察和船有关的现象或问题；收集制作游艇的材料，利用各种材料进行探索，发现新的现象或问题，分析问题出现的原因，并尝试用自己的方式解决问题，提出自己关于游艇制作的认识和见解。

　　最后，从孤立、片面地关注船到将船与周围的事物联系起来，产生制作未来的船、保护环境的想法，并自主设计"未来船"展和"船的奥秘"展。

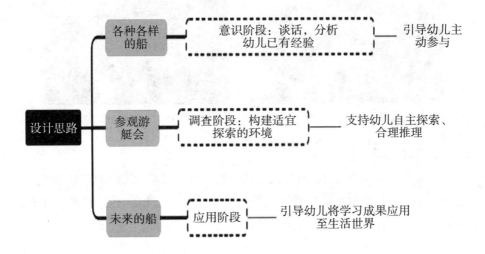

项目实施

一、项目实施过程

（一）各种各样的船

1. 情景导入——船的声音

老师：听，这是什么声音？（播放船的鸣笛声）

幼儿 A：火车？船？……

老师：今天小朋友们带来了好多小船，请小朋友们描述一下你们看到的这些船是什么样子的。

幼儿 B：下面没有轮子，上面有长长的旗帜，里面还有一个大齿轮，还有沙发和桌子，还有一个方向盘……

老师：哇哦！小朋友们观察得好仔细呀。在我们的生活中，可以在海边见到各种各样的船。你们都和爸爸妈妈一起见到过哪些船呢？它们是什么样子的呢？

幼儿探讨收集问题　　　　　　　　　查阅书籍，了解各种各样的船

2. 职业体验——小小船长

引导每个幼儿分享自己观察到的船。幼儿通过探索，了解不同船的特点、结构。于是幼儿决定动手制作船，他们开始了分工合作，有的人画设计稿，有的人裁剪，有的人粘贴，有的人拼接。

幼儿 C：做船，我们需要用吸管、剪刀、双面胶。

幼儿 D：那我来找吸管吧。

幼儿 E：我要做轮船。

幼儿 F：我要做货船。

接着，幼儿开始用收集的废旧材料制作各种各样的船。

3. 探索制作——小小造船工

前期了解各种各样的船后，每名幼儿都想拥有一艘船，于是幼儿根据自己的想法制作船。首先确定制作船的材料，包括玩具、KT 版、绳子、木头、竹子等。收集完材料，他们选择用竹子做了一个竹筏。

幼儿设计的船

海盗船

货船

轮船

幼儿 A：我们一起把竹子绑在一起吧。

幼儿 B：好呀，但是竹子太滑了总是绑不住。

幼儿 C：那我们用胶纸试一下吧，比绳子要好。

幼儿 D：那我们合作一起粘贴吧。

到了放学时间还没有完成，教师请家长帮助幼儿，按照幼儿的想法协同制成了竹筏。家长和幼儿都很开心。

幼儿 F：我用的是家里的 KT 板，先画出船的形状，用手工刀沿着画的线刻下来，再找来一根棍子固定旗子。

幼儿 H：我好喜欢这个轮船呀。

幼儿 G：可以给我玩一下吗？

幼儿 F：我们一起来拍照吧，我给你拍。

于是孩子们好奇地玩起了自制的船。

幼儿探索制作竹筏

用塑料玩具做的船　　　　　　用 KT 板做的船

用绳子做的船　　　　　　用木头做的船

4. 汇报展示

幼儿在音乐厅进行演出，他们换上最喜欢的衣服，手拿着船，在家长共同布置好的场地里，尽情展示自己，与作品、音乐完美融合。在幼儿的努力下，展演顺利进行。

5. 评价反思

幼儿通过工程类活动的探究过程获得了知识，还在动手制作过程中提升了自己的操作技能。同时，幼儿也对其他班幼儿和教师产生影响，引发了更多人对船的兴趣。

（二）参观游艇会

1. 情景导入——幼儿园里的船

户外游戏时，幼儿就园里的"船"展开讨论。有幼儿说"我们幼儿园的滑滑梯是用船做的"，有幼儿说"幼儿园大门是一条彩色帆船，它在一天里可以有不同颜色"。这时，许多幼儿发出疑问：为什么能有那么多颜色呢？面对幼儿提出的问题，教师引导幼儿寻找问题的根源，并开展"参观游艇会"的深度探究之旅。

2. 科学探究——船的秘密

幼儿A：汽车有轮子可以停在停车场，船是怎样停放的呢？

幼儿B：我妈妈说船是用锚丢在水里让船停住的。

幼儿C：游艇是怎样开的？我想去开。

幼儿D：我也想去。

孩子了解到游艇的种类多种多样，不过每一种游艇都是由艇身、艇内和艇外三部分组成的。

幼儿参观游艇

3. 探究制作——制作游艇

首先，确定哪些材料可以制作游艇。幼儿通过收集资料了解到很多材料都能制作游艇，最终选择用木头制作游艇。幼儿纷纷行动，去收集木头。

收集完制作材料，幼儿便绘制游艇设计图。设计图完成后就开始制作。在制作过程中，幼儿尝试用绳子把木块捆绑在一起做成船身，可是绳子太松，无法将木块绑紧。经过多次尝试后，用绳子捆绑仍有各种问题，导致制船失败。

收集到的木头

休息片刻后，教师提出可以找找其他能把木头牢牢绑在一起的材料。有一个幼儿说："我们可以用透明胶试一下。"一些幼儿固定两块木板让木头没有空隙移动，然后一些幼儿用透明胶缠住木板。最后，发现木头被整整齐齐地捆绑在一起，不会松动。幼儿制船成功，十分开心。

用木头做的船成功了

4. 汇报展示——我的游艇

幼儿穿上自己精心准备的服装，展示自己制作的木头船，分享了木艺船的造型、船身、船桨等，邀请其他幼儿参与体验。这是一次幼儿沉浸在兴趣发酵中，在问题驱动下"自燃"发生的"造船行动"。"造物"的乐趣加持"玩物"的乐趣，给展示环节增添了更多的趣味性，当自己的木艺作品呈现在孩子们面前时，孩子们内心的自信和喜悦便溢于言表。

5. 评价反思

在"参观游艇会"活动中，幼儿围绕"游艇是怎样停放的""哪些材料可以制作游艇"等问题展开了项目式学习，以"查找资料—提出问题—分组研讨—设计方案—总结方案"的方式，进行更深度的探索。幼儿调动最直接的感官去观察和体验他们身边的游艇，与游艇设备接触，为接下来的探究制作活动奠定基础。同时，教师居于幕后支持幼儿，以工程类活动的"任务与构思、设计与制作、测试与优化"框架为基础，为幼儿提供互动支架，促进幼儿达到最近发展区。

（三）未来的船

1. 情景导入——船与环境的关系

幼儿探究船深层次的奥秘。根据中班孩子对船有着浓厚兴趣，但对于船对环境的影响并不了解的经验特征，设计以下活动。引导幼儿开动脑筋，同时最大限度地发挥他们的想象力，激发幼儿的学习兴趣，让幼儿一起想象未来的船，并从活动中感受创新的乐趣。

2. 职业体验——小小科学家

科学实验：沉与浮

教师示范：取一块材料（石头、竹子等），请幼儿来猜猜它放在水里会怎么样。把幼儿猜测的结果记录在记录表上。

幼儿 A：石头是沉下去的。

幼儿 B：竹子是浮在水面的。

幼儿 E：石头怎样才可以浮在水面不掉下去呢？

幼儿 F：我来试一下，我把一个盘子放在水上，就好像一只船，然后放上一块石头，Yes！我成功了！

3. 探究制作——我设计的"未来船"展

幼儿基于对展演流程的了解，举办了一场"未来船"展。幼儿需要准备自己的作品、邀请门票、节目单、模特秀、场景道具等。

4. 汇报展示——"船的奥秘"展

通过前期的准备以及对舞台的了解，幼儿和老师一起布置舞台，展现自己的表演方式和演奏技巧。幼儿各司其职，每个节目都有一个小导演，确保整场展演有条不紊地进行。

幼儿的记录表

邀请函

节目单

拍照船

竹子组《ROW ROW ROW》

泡沫组《摇船调》

故事组《曹冲称象》　　　　塑料组《小小的船》　　　　木头组演出

"船的奥秘"汇报展完满结束合影留念

5. 评价反思

　　幼儿通过前两个小项目已经积累了很多关于船的经验和认知，对沉浮实验的浓厚兴趣和幼儿生活中与船的紧密联系进一步推动了项目的开展。幼儿通过"探究制作"和"汇报展示"两个环节，逐渐实现了从一名船的观赏者到船的设计者和使用者的转变。幼儿在真实情境中发现问题，通过亲身经历与多元表征探索解决问题的方法，让学习更真实地发生。同时，"未来船"展和"船的奥秘"展给予幼儿极大的探索空间和自由，有利于幼儿自主性的发展。幼儿通过准备"未来船"展和"船的奥秘"展自主探索船的发展历程和文化内涵。

二、幼儿作品及评价

项目	作品	发展脉络	评价
各种各样的船		幼儿动手制作各种各样的船，造型从较少修饰到后期的有意修饰，从单一的船到具有故事或主题的船，每个作品都体现出幼儿的独创性	文化导向：幼儿通过制作船，了解不同船的用途，感受船的发展变化与中国历史社会变迁的密切联系，了解船在人类探索海洋历程中的重要作用

（续表）

项目	作品	发展脉络	评价
参观游艇会		幼儿对不同形态的游艇进行实地探究，利用拍照记录游艇结构，寻找游艇的奥秘	激发情感：幼儿深度学习游艇知识，探索游艇的结构。在学习过程中，幼儿自主组成团队，手脑并用共同制作游艇，这有利于增强合作意识，提升共情能力
"船 的 奥秘"展		在"船的奥秘"展中，幼儿能够使用律动、科学实验以及故事等多种方式记忆、理解、应用、分析、评价所学的关于船的知识	核心素养：以展演为媒介来帮助幼儿不断实现思维迭代更新，帮助幼儿提升创造力、解决问题和合作沟通的能力

三、项目评价

　　评价是教育过程中的重要环节，是项目质量甚至学前教育质量的关键组成部分，本次项目评价主要包括儿童发展性评价和项目质量评价，以及尝试利用互联网技术，加入家长这一评价主体。

（一）儿童发展性评价

以加德纳（Gardner）的多元智能理论为基础，参照意大利的瑞吉欧教学记录和《指南》来构建幼儿发展性评价，主要从幼儿的学习内容和学习过程两个方面来描述幼儿的发展。幼儿的学习内容主要指幼儿在一个领域内对关键概念的理解及对特定技能的掌握；幼儿的学习过程指的是幼儿的活动方式或者他们是如何参与到活动中的，比如主动参与性、注意力情况、目标定位、组织性、独立程度、合作性等。瑞吉欧的教学记录采用叙事性记录的形式描述幼儿的学习全过程。记录的内容包括幼儿所说、所做，可以是文字记载，也可以是幼儿作品，还可以是照片、录音及视频等。最后本次项目式学习结合高瞻课程特点，并根据我园应用实践，以"计划—工作—回顾"的形式开展探究活动，通过实践计划、观察与记录、重温与对话、反思与启示等步骤来进行评价。

（二）项目质量评价

项目质量评价主要采用过程性评价，针对项目的特点和组成要素，通过收集和分析比较系统全面的有关资料，科学判断项目的价值和效益。评价内容应包括对项目目标、方案、教育内容、材料、效果等的评价及对教育教学过程的实际状况的评价，如教学方法、教师与幼儿的关系及其交互作用的形式与性质等。

（三）尝试利用互联网技术进行项目评价

采用石墨文档的共享功能使家长参与评价过程，让家长能看见幼儿的学习，也能参与到项目中。教师适时、实时根据家长反馈调整项目式学习。

四、项目反思

（一）项目亮点

1. 关注项目式学习流程，落实幼儿园项目式学习教学模型

在活动开展过程中遵循"大项目，小活动"的项目式学习流程，落实"情境导入—职业体验—探究制作—汇报展示—评价反思"的教学模型，使学习内容贴近幼儿生活，更使幼儿通过直接感知、实际操作和亲身体验获取经验和知识。同时实现项目游戏化和幼儿学习游戏化，将学习和游戏结合，

符合幼儿学习特点和思维发展规律，激发幼儿学习兴趣，提升幼儿核心素养。

2. 促进教与学的转变

从宏观层面，幼儿园整合和优化教与学的资源。在现有环境下，我们新添了操场的海盗船运动场地及全园自选日中的科学探索和展示小舞台，将室内户外一体化，确保有足够的场地空间，给幼儿充分的材料进行探索。在教的方面，教师以核心素养为导向，以项目式学习为实施载体，培养未来社会所需的、具有核心竞争力的高质量人才。在学的方面，使幼儿从被动灌输式学习转变为能将知识和经验与其运用建立即时联系的学习，实现学习自主性。

3. 结合本土特色船文化，形成园本化项目资源

通过项目式学习，培养幼儿的综合素养，激发幼儿对交通工具的探索兴趣，让幼儿感受本地区特色。本项目式学习由初识各种各样的船、参观游艇会、主题汇报展三个小项目构成，支持幼儿通过认识船、深度探究船以及筹备、动手制作船等，践行保护环境、保护地球家园的理念。项目有利于促进幼儿身心全面健康发展，提高幼儿审美与创造能力，培养幼儿社区公民意识，加强幼儿对本土特色海滨文化的认同感与归属感。

（二）项目优化

1. 基于学的优化

（1）评价方面

一方面，丰富评价形式，补充量化评价，使量性和质性评价相结合。另一方面，让幼儿也参与到评价中，成为评价主体之一。

（2）加强反思性学习

反思能力是一种高阶思维能力，反思性学习是实现深度学习的重要途径，是一个循序渐进的过程，要求幼儿将反思贯穿于整个学习活动过程中，在活动前和活动中积极调动反思能力，预测接下来开展的活动和调整现状，顺利解决问题。但活动结束后，幼儿较少反思。故加强活动后的反思性学习，有利于幼儿回顾活动，对学习结果进行评价，内化经验。

2. 基于教的优化

（1）加强"互联网＋"时代的教育教学模式

探索移动互联网、大数据、云计算等新技术下教学实践的信息化，形成与船相关的教育数据。另外，为给幼儿提供具象化的感受，可以提供 3D 设备或 VR 设备，使幼儿能更真实地体验和感受在历史中形成的船文化。

（2）完善以学为主的教学策略

审思"以幼儿为中心"和"情境"对意义建构的重要作用，在教学过程中以学定教，明确教师是幼儿建构学习的帮助者、促进者和引导者，并进一步细化和掌握支架式、抛锚式、启发式教学策略。

附 录

附录 1: 船的奥秘——猜猜这是什么船?

姓名:＿＿＿＿＿＿＿＿ 班级:＿＿＿＿＿＿＿＿

　　小朋友们, 快来猜猜看, 这些都是什么船? 请你用连线的方式把正确的名字与船连起来。

货船

客船

渔船

消防船

附录 2：船的奥秘——参观游艇会

姓名：＿＿＿＿＿＿＿　　　班级：＿＿＿＿＿＿＿

1. 参观游艇会线路图

2. 你观察到的游艇是怎样的？请你画一画。

附录 3："沉与浮"实验操作单

沉浮物体					
我的猜想⬇⬆					
我的验证⬇⬆					

附录 4: 神秘的海洋之旅——未来船

班级: _____ 姓名: _____

小朋友, 你心目中未来的船是什么样的呢? 用你的巧手把"未来船"设计图画下来, 并思考你想用什么材料来制作吧

未来船设计图	制作材料清单

附录 5: 综合评价表

评价类别	参考评价	分值	得分
知识目标	1. 幼儿是否能描述常见船的外形、种类和用途, 并比较它们的异同?	2分	
	2. 幼儿是否能通过观察发现船的基本结构?	2分	
	3. 幼儿是否能主动探索影响船速度的各种因素?	2分	
	4. 幼儿是否能够通过操作沉浮实验, 了解材料的沉浮特性并记录?	2分	
	5. 幼儿是否能通过探讨说出船尾气对环境造成的恶劣影响?	2分	
能力目标	1. 在活动中幼儿是否能够自主探索和解决问题?	2分	
	2. 幼儿在探究过程中是否愿意表达自己的观点与意见?	2分	
	3. 幼儿是否愿意观察事物并大胆提出问题?	2分	
	4. 幼儿在探究过程中能否用自己的方式做记录?	2分	
	5. 在探究过程中, 幼儿能否用不同办法探究各种可能性?	2分	

（续表）

评价类别	参考评价	分值	得分
情感目标	1. 幼儿对于探究内容是否感兴趣，是否积极探究？	2分	
	2. 幼儿是否乐意进行船相关的职业体验？	2分	
	3. 幼儿是否理解环保的意义？	2分	
	4. 在探究过程中，幼儿是否一直保持好奇心，积极参与探究？	2分	
	5. 幼儿是否享受整个探究过程，能否合作完成各项任务？	2分	
数学认知	1. 幼儿能否发现事物的规律，并掌握其中的逻辑？	2分	
	2. 幼儿能否发现生活中许多问题都可以用数学的方法来解决？	2分	
	3. 幼儿能否用记录表、统计表等表示简单的数量关系？	2分	
	4. 幼儿通过探究性课程，是否对 3SE 课程有了初步的了解与认识？	2分	
	5. 幼儿能否通过收集材料认识更多的几何图形，并说出几何图形的名称？	2分	
人际交往	1. 探究过程中幼儿能否与同伴分工合作，一起想办法解决问题？	2分	
	2. 与同伴发生冲突时，幼儿能否自己协商解决？	2分	
	3. 幼儿能否主动发起活动或在互动中出主意、想办法？	2分	
	4. 幼儿是否遇到困难不轻易放弃，且能尝试独立解决问题？	2分	
	5. 在合作的过程中，幼儿是否有自己的想法，并敢于表达想法？	2分	

Ⅲ 人文与社会

案例一 传承与创新——神奇的中国钱币博物馆*

项目方案

一、课程名称

传承与创新——神奇的中国钱币博物馆

二、适用年级

幼儿园大班

三、总课时

2个月

四、涉及领域

科学、社会、语言、健康、艺术

五、课程简介

中国是最早使用货币的国家之一，钱币承载着历史的发展。现在中国人

＊ 本案例由深圳市盐田区教科院幼儿园提供，邱志华、侯洁琳、李信共同执笔。项目主要成员有邱志华、侯洁琳、李信、谢沁沁、陈娴、黄冰莹、吕斯雅、杜维娜、利礼、童永桂、庄秋愉、黄海燕、田钊茵。

热衷于电子支付，很少使用现金，钱币中饱含的历史文化逐渐淡出人们的生活。项目希望引导幼儿热爱并传承历史文化瑰宝，创新钱币文化，滋养文化自信与爱国情怀，树立正确的金钱观。

课程设计坚持问题导向、贴近生活、可行性高等原则，包含以"古"识币、以"现"解今、以"币"为纪、以"创"传承四个内含逻辑关系的活动。运用盐田区教科院研发的幼儿园项目式学习框架——"大项目，小活动"，将探究制作细分为科学、工程、人文三个类别，分别设置针对性流程，让幼儿在自主深度学习中获得经验与发展。"传承与创新——神奇的中国钱币博物馆"项目式学习将抽象的历史转化为幼儿喜欢的故事，通过适合幼儿的学习方式，培养有主见、具灵气、会发现、善求解、充满爱、乐创造、有热情、能坚持的社会主义接班人。

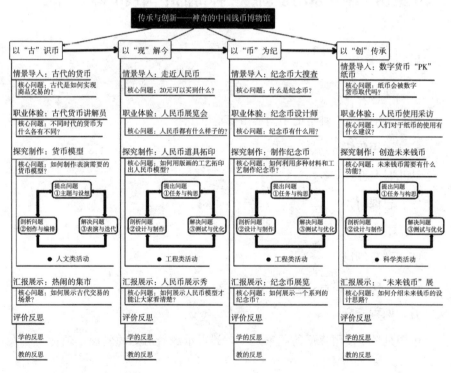

六、课程资源分析

钱币博物馆课程贴近幼儿生活，让幼儿从真实的社会经验中获得发展。

在材料方面，幼儿园已建立资源库，有布类、工具类、生活用品类等资源，可提供丰富的低结构材料供幼儿操作。在课时方面，幼儿园"一日生活皆课程"，且幼儿园场地为大平层，设有 13 个主题场馆，可以满足幼儿各种领域的学习需求。在人员资源方面，教学时间段内，幼儿园行政人员会进入班级配合教师开展活动，每个班级配有"两教一保"及家长助教，为活动开展奠定坚实的基础。在社区资源方面，盐田文化馆钱币文化社会分馆于 2020 年 4 月开放，幼儿可免费参观。

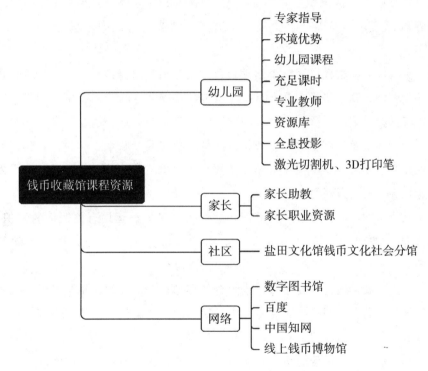

七、课程目标

（一）活动总体目标

习近平总书记在全国教育大会上指出，要努力构建德智体美劳全面培养的教育体系，形成更高水平的人才培养体系。基于此，总体目标分为德智体美劳五个维度。

德育：通过了解钱币历史，感受中国文化的博大精深，基于对祖国历史的了解，培养爱国意识，逐渐产生未来接班人的责任感、自豪感、归属感，对中国文化的生命力产生坚定的信心。

智育：通过了解钱币并动手制作，培养发现问题、解决问题的能力，能够运用简单的科学知识和基础的科学技能解决问题，通过探究的过程学会合作、反思，并会发现新的问题。

体育：通过项目式学习，在动手操作、集体合作的过程中，增强体质，促进全面发展，锻炼坚持、不放弃的意志。

美育：通过认识钱币、布置展厅、制作道具等环节，感受钱币的美，培养认识美、体验美、感受美、欣赏美、创造美的能力，感受中国文化的美。

劳育：劳动教育贯穿整个活动过程，幼儿通过亲身体验、直接操作，培养热爱劳动、勤于实践、勇于创新的精神，养成良好的劳动和生活习惯，建立正确的劳动观念。

中国学生发展核心素养将培养目标与教学实践相联系，本项目式学习基于幼儿身心发展规律及核心素养，在教学实践中培养幼儿文化基础、自主发展、社会参与三方面的素质。

文化基础：幼儿通过项目式学习，学习、理解、运用有关钱币的知识，形成基本的能力、情感态度和价值取向，培养勇于探究、敢于提问等品质。

自主发展：通过探究学习、小组合作等形式，培养幼儿乐学善学、积极思考等优秀品质，同时在活动过程中，帮助幼儿了解世界、认识自我，养成良好的生活和学习习惯。

社会参与：通过帮助幼儿了解钱币的历史、各国的钱币等，使幼儿产生国家认同、国际理解等情感。在解决问题的过程中，帮助幼儿养成适应挑战的能力，培养幼儿劳动意识。

（二）活动具体目标

（1）通过了解钱币、认识钱币，让幼儿了解中国的文化及其发展历程，培养文化自信。

（2）幼儿通过亲自动手制作，发展自主发现问题、解决问题等优秀的学习品质。

（3）通过在项目式学习中进行自主探究，发展合作性、坚持性等综合素养。

八、活动安排

（一）课程实施时间安排及说明

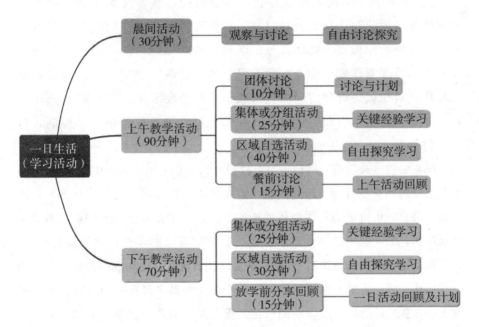

幼儿园"一日生活皆课程"，因此，课程活动的开展安排如上图。

项目式学习贯穿幼儿一日生活（自早上入园进入班级至下午离园）的每一个环节，重点体现在上午的晨间活动、团体讨论、集体或分组活动、区域自选活动、餐前讨论；下午的集体或分组活动、区域自选活动、放学前分享回顾等环节。

（1）晨间活动：指幼儿来园后自由地与环境、材料、同伴、教师接触，通过对已有知识经验的讨论回顾及对未来活动的预期，帮助幼儿产生新灵感，制订新活动的计划。

（2）团体讨论：教师和幼儿讨论提出有关项目式学习的话题，团队成员发表自己的见解，提出自己的意见。要为团队中的每一个成员提供思考、表达的机会，以帮助幼儿确定自己的学习计划。

（3）集体或分组活动：教师将项目式学习中的预定目标、幼儿的学习进度及幼儿的兴趣点进行综合考虑，提炼出项目教学中幼儿需要学习的关键知识经验，以教师为主导、幼儿为主体的形式，进行集体或者小组的学习。此环节中知识点要求有价值，形式要求以幼儿体验、操作、团队合作为主。

（4）教育教学活动：在教育教学活动时间，教师与幼儿共同讨论今日需要准备的问题，幼儿自选材料，自由选择同伴解决问题。教师将项目式学习中的知识点、集体或分组活动中的新知识、幼儿需要反复操作体验的实验等制作成工作盘，幼儿可以按自己的意愿进行自由选择，反复操作，对知识进行理解和内化吸收。此环节要求将知识点融入操作材料，并适当提供指引和错误订正，使幼儿可以脱离教师指导和控制，自己进行学习。

（5）餐前（放学前）讨论分享：教师可以收集上午各活动中幼儿的作品、幼儿活动时的典型行为（遇到困难、解决困难、新成就、团队协作等）照片与幼儿分享，也可请幼儿在集体面前进行表达，重点关注几个问题：遇到了什么困难，如何解决的（如果解决了，要分享自己的经验；如果没有解决，请其他幼儿提供可行方案）；有哪些新发现和新成就；得到谁的帮助；怎样和同伴协作完成任务的。通过这个环节，全体幼儿共享经验，为大家提供灵感和下一步探究的思路。放学前的讨论，重点激发幼儿构设第二天学习的目标和计划。

（二）课程内容、实施要求及设计意图

首先，我们向幼儿抛出问题：钱币是什么？钱币有什么用？并将收集到的问题根据科学类、工程类、人文类进行分类。

其次，确定"钱币博物馆"项目的核心问题：如何建设一个钱币博物馆？逐步开展整个项目，贴近幼儿兴趣，便于幼儿理解。

再次，基于完整的项目式学习流程：发现问题→提出假设→调查研究→论证假设→得出结论，并以"以'古'识币、以'现'解今、以'币'为纪、以'创'传承"四个小项目展开教学，以文化导向、浸润感受、激发情感、传承创新四个步骤为内部逻辑，层层递进。

最后，以过程性评价的方式从人（师生互动、生生互动）、方法（教的效果、学的情况）、材料（被选择的频率、被使用的方式、对幼儿的启发）、环境（和谐开放、互动性、安全自由）四个方面进行评价。幼儿在这个过程中能对钱币有一个全面深入的认识，并逐渐成长为一个有主见、具灵气的学习者，一个会发现、善求解的探索者，一个充满爱、乐创造的协作者，一个有热情、能坚持的钻研者。

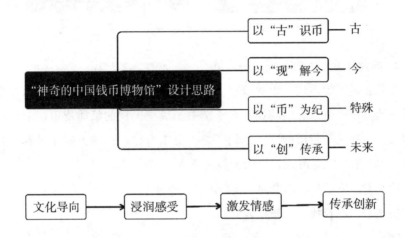

项目实施

一、项目实施过程

（一）以"古"识币

1. 情景导入——古代的货币

首先，幼儿查阅货币相关图书，利用互动桌、一体机等智能设备查阅资料，了解有关货币的故事。教师在班级中投放分享资料，幼儿了解到不同年代的货币是不一样的，有贝币、刀币、交子、铜钱、元宝等。幼儿展开了热烈的讨论。

幼儿A：为什么刀币的样子和我们见到的钱不一样呢？

幼儿B：是呀，它就像一把刀。

幼儿A：你看，贝币就像一个贝壳。

老师：你们去查一查，为什么钱币的外形不一样呢？

于是，幼儿带着问题，开始查阅贝币和刀币的由来。

幼儿利用互动桌查阅资料　　　　　　教师提供钱币的模型

2. 职业体验——古代货币讲解员

幼儿通过了解古代货币的故事，发现贝币是中国最早出现的货币，半两钱是秦始皇统一货币时用的钱，交子是中国最早出现的纸质货币，于是幼儿决定演出一幕关于货币的剧。他们开始了分工合作，有的人制作道具，有的人写剧本，有的人做导演，有的人做演员。

幼儿 C：贝币是很珍贵的，我们需要一个小袋子来装。

幼儿 D：那我找一个塑料袋来。

幼儿 E：不行不行，商朝没有塑料袋。

幼儿 F：那我来用麻布缝一个布袋子吧。

接着，幼儿开始制作演出用的米袋、鱼、饼、钱币等道具。

幼儿缝制麻布袋　　　　　　幼儿讨论古代物品的特点

3. 探究制作——货币模型

首先，幼儿确定了演出的主题——介绍古代货币。他们需要制作货币道具、服装以及一些在市场上交易的物品。

幼儿首先用轻黏土制作了贝币、半两钱和元宝。他们选择自己喜欢的颜色，仿制钱币的样子，制作了轻黏土货币道具。但是他们发现轻黏土五颜六色的，贝币和半两钱并不是这样的，于是他们尝试用陶土制作。

 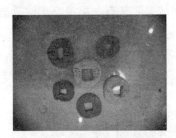 

轻黏土贝币　　　　　　　轻黏土半两钱　　　　　　轻黏土元宝

幼儿制作演出所需服装

接着他们进行了创作与编排，确定了剧本。

幼儿 F：我们要表演贝币出现的故事，需要有人演买东西的。

幼儿 H：那我们买什么呢？

幼儿 G：我们买葡萄吧，我最喜欢吃葡萄。

老师：你们演的是商朝的故事，商朝有葡萄吗？

幼儿和教师共同查阅资料发现，商朝时期葡萄很有可能还没有出现，孩子们调整了演出方案。

幼儿排练剧本

幼儿 F：那我们来买饼吧。

幼儿 D：我会做饼，我来做一张饼。

于是幼儿再次调整道具和剧本，进行编排。他们分为三组，一组演贝币的故事，一组演半两钱的故事，还有一组演交子的故事。

4．汇报展示——热闹的集市

幼儿在幼儿园内进行演出，在正式演出的环节，幼儿分工明确，有总导演、演员、音乐导演、服装导演等，他们各司其职，演出有条不紊地顺利进行。

幼儿表演剧目

5．评价反思

基于学的反思：

通过学习货币的知识，幼儿自主探究，用表演的形式演绎古代货币的故事。幼儿需要总结演出需要做的工作，进行分工合作。通过古代货币的项目式学习，幼儿既了解了货币的文化历史，又发展了社会交往能力、语言表达能力以及逻辑思维能力等。

基于教的反思：

人文类项目式学习"主题与设想、创作与编排、表演与迭代"的流程，让教师在实施活动的过程中有据可依，活动既能满足幼儿学的需要，又贯穿了教师的引导。

（二）以"现"解今

1．情景导入——走近人民币

首先，教师用幼儿最喜欢的互动游戏请幼儿思考：20 元能买到什么？幼儿纷纷从家中带来他们觉得 20 元能买到的东西，与同伴进行分享。

幼儿进行交易游戏

2. 职业体验——人民币展览会

幼儿已经对古代货币有了一定的了解，他们提出："货币是如何变成现在的纸币的呢?"在以"现"解今环节，幼儿通过查阅资料发现，从1948年发行的第一套人民币到1999年发行的第五套，各有不同。

幼儿A（用手指着互动桌上的钱币）：你们看，第一套人民币这里有字，这里没有字。

幼儿B：我也发现了，每一种钱币的图案都不一样。

幼儿F：那我们可以找一找这些图有什么不一样。

幼儿A：那我们把它画出来吧。

幼儿C：但是上面的画太难了，我不会。

幼儿G：我们可以用我们学过的拓印方法来画。

教师让幼儿聚焦第一套、第三套和第五套人民币，因为第一套是中国人民银行发行的首套人民币，第三套的发行结束了我国货币生产依赖外国的历史，第五套人民币通过有代表性的图案，进一步体现出伟大祖国悠久的历史和壮丽的山河，具有鲜明的民族性。幼儿打算把这些钱币拓印出来。

3. 探究制作——人民币道具拓印

在探究制作环节，幼儿首先确定了任务：制作人民币道具。他们计划将人民币照片打印出来，然后画在KT板上。幼儿首先在老师的帮助下，打印出一张纸币的照片，然后利用版画工具，在KT板上用笔戳出痕迹，再进行上色、拓印。

幼儿发现拓印不清晰，而且拓印出来的图案是反的。幼儿想到利用之前学到的拓印叶子的方法，将钱币放在KT板上描。于是他们进行了改进，并尝试了不同的拓印工艺，比如请老师将打印的照片变成镜像，或是用橡皮泥把轮廓描出来再涂色。

幼儿在刻画　　　　　　　　　幼儿展示自己的拓印作品

幼儿制作拓印模板　　　　　　幼儿用橡皮泥制作拓印模板

幼儿用橡皮泥制作的拓印作品

4. 汇报展示——人民币展示秀

幼儿将自己制作的大型人民币道具缝制在衣服上，在幼儿园进行展示。

5. 评价反思

基于学的反思：

工程类探究制作活动，不仅让幼儿了解到人民币悠久的历史和文化，还让幼儿在动手制作的过程中获得了技能的发展。

基于教的反思：

教师利用工程类活动框架"任务与构思、设计与制作、测试与优化",沿着"提出问题、剖析问题、解决问题"的思路,帮助幼儿获得经验,让他们通过动手拓印制作钱币道具,获得自信。

（三）以"币"为纪

1. 情景导入——纪念币大搜查

在以"币"为纪环节,幼儿首先在家中寻找纪念币,和家人共同了解纪念币的作用和意义。幼儿找到了生肖纪念币和航空纪念币,他们发现纪念币上有银行的名字、面值和纪念事物的图案。

2. 职业体验——纪念币设计师

幼儿通过与家长共同寻找纪念币,了解了纪念币的用途和意义,接着他们计划自己设计纪念币。首先他们画了一个思维导图,总结讨论纪念币上有什么,他们了解到纪念币通常是按系列出的,于是他们计划设计出属于幼儿园吉祥物"鲲宝"的系列纪念币。

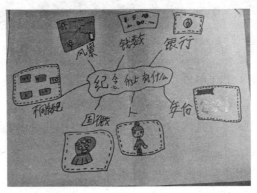

幼儿绘制的"纪念币上有什么"思维导图

3. 探究制作——制作纪念币

接下来,他们开始动手制作纪念币了。

幼儿 A：我可以用我们班级的 AB 胶做,之前做珠宝的时候用到的。

幼儿 B：可是我们做珠宝的时候不用放这么多东西在 AB 胶里面。

幼儿 E：我们可以在纸上画,画出来再放到胶里面晾干。

幼儿 F：纸放到水里会坏的,我们可以用热塑片,就是我们做耳环的时候用到的那个。

幼儿根据之前项目式学习的经验开始动手制作。

幼儿在热塑片上作画

幼儿利用 AB 胶制作纪念币

幼儿在 AB 胶中加颜料

幼儿作品

幼儿 AB 胶作品展

用 AB 胶制作了纪念币后，孩子们不满足于用单一材料制作，他们尝试用刺绣、自制肥皂、扎染等方法制作更多套纪念币。

幼儿 A：幼儿园还有扎染的工具，我们可以用扎染的布来做纪念币，这样就不用去兑胶了。

幼儿 C：我们用什么样的布进行扎染呢？

幼儿 B：资源库有很多布，我们拿来试一试吧。

幼儿 D：那我们要找白的布，这样就可以染成很多颜色了。

幼儿开始探究如何扎染。

幼儿尝试用刺绣的工艺制作纪念币，还尝试用自制肥皂雕刻纪念币。

4. 汇报展示——纪念币展览

孩子们将自己的作品摆放在幼儿园展示柜中，孩子们相互欣赏，并选出自己最喜欢的纪念币。他们在最喜欢的系列纪念币上贴"鲲宝"贴纸来投票，相互讨论，并说出自己投票的理由。

幼儿制作扎染作品

幼儿用刺绣工艺制作纪念币　　　　　　幼儿用自制肥皂雕刻纪念币

幼儿 F：我喜欢这套金色的，因为它颜色好看。

幼儿 A：我喜欢这个，它上面有只鲲。

幼儿 C：我喜欢这个上面有车的。

参观同伴制作的纪念币　　　　　　为自己喜欢的纪念币投票

5．评价反思

基于学的反思：

幼儿通过动手制作、亲身体验，制作出自己想要的纪念币，获得满满的成就感。

基于教的反思：

幼儿在制作纪念币的过程中，尝试用不同的方法和材料制作纪念币，这是教师没有想到的。幼儿会将自己的原有知识经验进行迁移，将"珠宝设计师"项目的工艺迁移到制作纪念币的环节中，因此，教师需要提供更多的方法和材料，丰富幼儿的经验。

（四）以"创"传承

1. 情景导入——数字货币"PK"纸币

在以"创"传承环节，首先幼儿和家长讨论了一个问题：使用纸币方便吗？大多数的家长觉得不方便，有一部分家长觉得方便。幼儿来到幼儿园分享自己的理由。

幼儿 A：我觉得不方便，妈妈说钱上有细菌。

幼儿 H：我也觉得不方便，我昨天还丢了一块钱。

幼儿 F：我觉得方便，纸币可以给没有智能手机的人用。

幼儿 G：方便呀，没有网络、手机没电就要用纸币。

幼儿提出想听一听大人的意见，于是老师与幼儿共同将问题编辑到"问卷星"，向幼儿园大班家长发送了调查问卷。

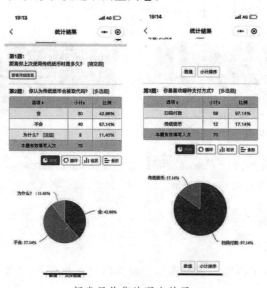

问卷星收集的调查结果

2. 职业体验——人民币使用采访

带着问题，孩子们采访了自己的家人、邻居、老师：你最近一次使用纸币是什么时候？你觉得纸币会被数字货币取代吗？

幼儿采访老师

幼儿采访保安叔叔

幼儿采访哥哥

3. 探究制作——创造未来钱币

首先，幼儿构想了未来钱币可能具备的特点，绘制了思维导图。

幼儿绘制的未来钱币思维导图

接着，他们明确了任务：制作一种可以给老年人、盲人、孩子用的未来钱币。他们首先绘制了设计图。

他们选择了陶土这种材料。首先将陶土捏成钱币的形状，然后放入烤箱进行烤制。

幼儿尝试了不同的烘烤温度和时间，并做了记录。经过多次尝试，发现 140 度烤制半小时，陶土既不容易坏，也不会软。

幼儿绘制未来钱币设计图

4. 汇报展示——"未来钱币"展

幼儿将自己设计的作品进行展览，并介绍自己的设计思路、使用的材料及制作方法。

5. 评价反思

基于学的反思：

幼儿通过调查、采访等方式，了解人们关于纸币的看法，在过程中，幼儿了解到不同人站在不同的角度会看到不同的世界。同时活动也锻炼了幼儿的倾听与表达能力。

基于教的反思：

在以"创"传承环节中，幼儿既需要对钱币有较为科学的认识，也需要发挥自己的创造能力。对于幼儿来说，能通过自己动手操作去改变世界是一件伟大的事。在幼儿需要支持时，教师要及时提供多方位和多角度的支架，促进幼儿创新思维的发展。

幼儿烤制陶土　　　　　　　　　　幼儿记录单

二、幼儿作品及评价

项目	作品	发展脉络	评价
以"古"识币		通过古代货币的故事，了解货币的产生是为了方便交易	文化导向：利用货币的故事帮助幼儿了解中国古代货币蕴含的历史和文化
以"现"解今		通过现代货币的故事，了解中华人民共和国的发展历程，感受人们奋斗的历程	浸润感受：通过查阅资料、同伴分享介绍、询问成人、亲自动手制作等过程，感受中国货币的发展史，培养文化自信

项目	作品	发展脉络	评价
以"币"为纪		幼儿动手制作纪念币，从单币到系列纪念币，从单一材料到多种材料，从简单的纪念币到有含义、有内容、有主题的纪念币……幼儿通过自主探究，解决问题	激发情感：幼儿通过构思系列纪念币，探寻生活中值得纪念的事物，关注生活，感受生活，热爱生活，激发作为深圳人、盐田人的自豪感
以"创"传承		幼儿通过关注钱币本身的功能、图案来设计未来钱币，加深了对钱币的认识，有利于激发创造性思维	传承创新：让幼儿通过设计未来钱币、体验社会参与，获得从小做社会主人翁的体验，帮助幼儿建立责任感。通过活动，培养具灵气、乐创造、善思考、充满爱的社会主义小公民

三、项目评价

（一）评价观

在目的方面，我们关注幼儿未来的发展方向；在内容方面，注重反映学习与发展过程中的进步。教师要在活动过程中持续进行评价，利用多元的评价手段和方法，关注幼儿个体的变化和群体的发展。

（二）评价内容和手段

在评价幼儿方面，主要采用教师观察记录、家园联系表和幼儿成长档案的形式；在教育教学评价方面，主要采用行政人员跟班观察记录、教师访谈及幼儿访谈的形式；在材料方面，我们统计幼儿园班级材料清单，关注材料更新情况；在环境方面，利用教师和行政人员的观察及访谈，发现空间、时间上存在的问题，及时进行调整。

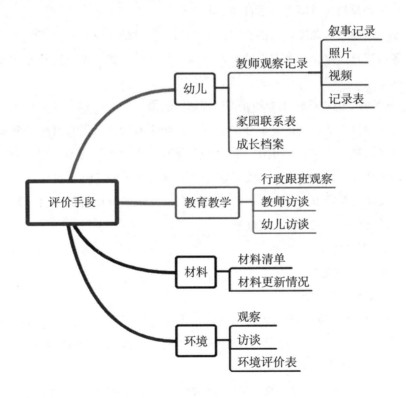

四、项目反思

（一）项目亮点

1. 运用幼儿园项目式学习框架开展活动

盐田区教科院研发的幼儿园项目式学习活动框架为幼儿园教师开展项目式学习提供了一个高质量的抓手，在活动开展的过程中，教师在倾听幼儿、引导幼儿上有了明确的方法和方向。在将活动细化为人文类、工程类、科学类后，班级开展活动也更加全面。

2. 幼儿园调整时间、空间支持幼儿项目式学习

首先，幼儿园统整环境和学习空间，将班级调整为 13 个功能场馆，确保资源丰富，给予幼儿充分的低结构材料进行探索。其次，幼儿园调整教师作息时间，确保在学习时间段，班级有"两教一保"，行政人员和医生在走廊等公共区域确保幼儿有序进行项目式学习。

幼儿园建立资源库，提供丰富的低结构材料供幼儿学习。每周一是幼儿园资源收集日，家长会将家中的废旧材料、自然材料带到幼儿园供小朋友进行操作。

3. 将抽象的货币转化为幼儿可以理解的故事

通过项目式学习，将复杂抽象的货币，转化为幼儿可以直观感受和操作的活动，通过"以'古'识币、以'现'解今、以'币'为纪、以'创'传承"四个环节，将文化导向、浸润感受、情感激发、传承创新贯穿在逐个环节中，让幼儿对货币、中国发展、当代社会以及未来有切身的感受，从而激发幼儿的民族自豪感和社会责任感。

（二）项目优化

1. 基于学的优化

（1）丰富评价形式

在活动评价方面，丰富评价形式，利用相关量表进行评价。积极推进家园共同评价，让家长参与到幼儿的评价、教师的评价、课程的评价中来。

（2）开发适合中小班的活动

"传承与创新——神奇的中国钱币博物馆"项目是基于大班幼儿的年龄特征开发的，在活动的过程中，中小班的幼儿也展现出对钱币的兴趣，因此，

未来我们希望可以进行混龄活动，将活动推广给年龄更小的幼儿。

2. 基于教的优化

（1）开发课程资源

学习离不开生活，项目式学习要基于生活。在活动过程中，幼儿园可以开发利用家长资源、社区资源，带幼儿走出校园，到生活中寻找钱币、感受钱币。

（2）拓展教学内容

在活动后续延伸部分，幼儿可以尝试探索不同国家的钱币，将从"传承与创新——神奇的中国钱币博物馆"项目中获得的知识和经验迁移到关于其他国家的钱币文化的活动中，了解不同民族的文化。

附　录

附录 1：陶土烤制时间和温度记录表

记录人：	日期：
温度：	时长：
预热：	软还是硬：
有无裂痕：	

附录 2：评价内容和手段

填写说明：在下列各项中填上合适的等级，满分为三颗星。由教师评价。			
情景导入环节			
评价内容	幼儿 A	幼儿 B	幼儿 C
清楚要解决的问题			
掌握查阅资料的基本方法			
对生活中的现象有兴趣			
职业体验环节			
积极参与体验活动			
能与同伴沟通，表达自己的想法			
探究制作环节			
能通过思考解决遇到的问题			
能画出设计图			
能通过分工合作完成任务			
能选择合适的材料制作			
汇报展示环节			
能用清晰的语言描述活动过程			
了解、体会同伴付出的劳动			
懂得欣赏他人的劳动成果			
幼儿访谈记录			
问题	回答		
你需要解决的问题是什么？			
问题有没有得到解决？			
你遇到了什么困难？			
同学是如何帮助你的？			
接下来你打算如何解决问题？			

附录 3: 家园联系表

时间:				姓名:		
一个月综评:						
月工作重点	项目学习			情况		
	特色活动			情况		
	品德习惯			情况		
家长工作重点						
预设活动	活动内容		优秀	良好	仍需努力	说明
生成活动						
劳动技能			数学院			
家长反馈						

案例二 重识中英街——中英街景点创意纪念品*

项目方案

一、课程名称

重识中英街——中英街景点创意纪念品

二、适用年级

幼儿园大班

三、总课时

2 个月

四、涉及领域

科学、艺术、社会、健康、语言

五、课程简介

我园位于长约 250 米、以"一街两制"闻名的中英街内。如今，作为广东省爱国主义教育基地之一的中英街，随着时代的变化，逐渐淡出了赴深游客的视野。我们期望借助天然的社区资源，带领幼儿深入探究中英街，唤醒对中英街的记忆；同时，以创意纪念品的设计与制作，承载这段独特的历史文化。因此，我园以"重识中英街——中英街景点创意纪念品"为项目式学习的主题，让幼儿分组进行学习探究，了解中英街最具历史文化特色的警世钟、界碑、大榕树等景点。在调研中，幼儿提出"警世钟有多高？""为什么有些界碑上有脚印？""大榕树树枝压到房子砍还是不砍？"等有趣问题，通

* 本案例由深圳市盐田区机关幼儿园中英街分园提供，由李倩、赵国平、吴凤兰、许楚玲、岳慧、杨贵共同执笔。本项目组主要成员有李倩、赵国平、吴凤兰、许楚玲、岳慧、杨贵、陈丽白、张小丽、谢月铭、陈翠虹等。

过对问题进行整理，我们确立了"警世钟的历史背景及作品创作""中英街界碑的历史故事""大榕树的生长与环境安全"三个子题进行项目式学习。在此过程中，幼儿了解了警世钟的历史意义，并进行了蓝晒画、板雕拓印等的设计制作；探索界碑故事、绘制形象，编写爱护界碑倡议书；进行有关大榕树的衍纸手工制作；等等。在课程中，针对发现的问题组织辩论，通过表演的方式传达出学习和理解到的历史故事。在学习与探究的过程中，幼儿体会到和平来之不易，也萌发了强烈的爱国主义情感。同时，通过探究制作中英街景物的纪念品，呼唤人们：文明出游，爱护文物，铭记历史，爱我中华。

六、课程资源分析

我园有着得天独厚的地理位置优势，"重识中英街"项目式学习让幼儿在真实的社会生活经验中探索并获得发展。在材料方面，幼儿园可提供丰富的低结构材料供幼儿操作，如：常用纸张、蓝晒液、空白团扇、AB 滴胶、衍纸、超轻黏土、彩绘材料、3D 打印材料及其他装饰材料等。在工具方面，我们有录像机、照相机、3D 打印笔、滴胶模具等。在社区方面，我园位于中英街内，具有先天独厚的社区资源，可利用中英街社区各景点等资源开展项目探究、体验、创作。

七、课程目标

（一）活动总体目标

教育部颁发的《幼儿园教育指导纲要（试行）》指出幼儿园的教育内容是全面的、启蒙性的，可以相对划分为健康、语言、社会、科学、艺术等五个领域，各领域的内容相互渗透，从不同的角度促进幼儿情感、态度、能力、知识、技能等方面的发展。基于此，将教学目标划分如下图。

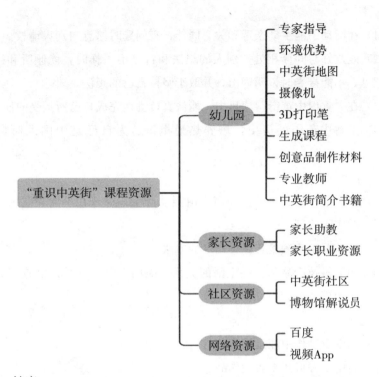

1．健康

（1）在中英街社区探究活动中保持愉悦的情绪，能随着活动的需要调整情绪和注意力。

（2）能坚持测量中英街警世钟的高度，锻炼适应能力。

2．语言

（1）通过辩论"大榕树的生长是否会危害到房屋"，幼儿逐渐学会表达观点，同时学会倾听和反驳对方的观点。

（2）在集体面前能认真倾听并能有序、连贯、清晰地表达自己对爱国主义教育基地中英街的认识。

（3）能根据地图提示、场景线索猜想事情发展的情况，从而解决问题。

（4）对中英街的历史景点充满兴趣，并通过多种途径、手段查阅资料，体会获得信息的乐趣。

3．社会

（1）在活动中能主动亲近和关心同伴，有问题时愿意向别人请教。

（2）能友好与同伴相处，别人的想法和自己不一样时，能倾听和接受别人的意见，不能接受时说明理由，并敢于坚持自己的想法。

（3）在"重识中英街"项目中，能认真负责地完成自己所接受的任务。

（4）了解中英街的历史，培养热爱祖国、为自己是中国人而自豪的情怀。

4．科学

（1）能通过观察、比较得知声音由振动产生，声音在不同介质中传播速度不同，并实际验证。

（2）能掌握正确测量警世钟高度的方法。

（3）知道科技产品和我们生活的关系，能用常见的科技产品查阅获得关于中英街的知识。

5．艺术

（1）在创意制作中能运用多种材料。

（2）能用多种形式来表达作品。

（3）能有节奏地进行表演。

（二）活动具体目标

（1）通过了解、探秘中英街"一街一景一文一物"，了解中英街历史演变过程，体会和平来之不易，萌发强烈的爱国主义情感。

（2）通过制作创意纪念品与测量警世钟的高度，培养自主发现问题、解决问题等优秀的学习品质。

（3）通过在项目式学习中自主探究，培养合作与分享、坚持与爱护等综合素养。

八、活动安排

（一）课程设计与实施背景

以幼儿的一日生活为教学组织形式，以幼儿的主动学习能力为核心，鼓励幼儿发展、构建团队合作，提升幼儿的素养和心智习性。促进幼儿对自然和社会生活的兴趣和热情。

（二）课程实施与安排说明

1. 课程完成时间段及主要任务

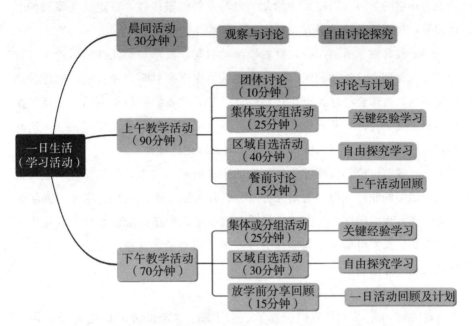

一日生活：幼儿一日生活划分为入园、晨间活动、上午教学活动、进餐、午睡、下午教学活动、分享回顾、离园等环节，项目式学习内容融入幼儿一日生活，重点体现在上午的晨间活动、团体讨论、集体或分组活动、区域自选活动、餐前讨论，下午的集体或分组活动、区域自选活动、放学前分享回顾等环节。

（1）晨间活动：幼儿来园后自由地与环境、材料、同伴、教师接触，通过对已有知识经验的讨论回顾及对未来活动的预期，产生新灵感，制订新活动的计划。

（2）团体讨论：教师和幼儿讨论提出有关"重识中英街"项目式学习的话题，团队成员发表自己的见解。创设问题情境，引导幼儿发现情境中的问题，鼓励团队成员寻找问题产生的原因，提出自己的意见。基于对问题的学习，深入探究、发现中英街，并用自己的方式呈现出对问题的理解。

（3）集体或分组活动：将项目中的预定目标与通识性知识点、问题相结合，提炼幼儿所需解决的问题点，以教师主导、幼儿为主体的形式，进行集体或者小组的学习。同时关注幼儿学习与发展的整体性，尊重幼儿发展的个体差异，理解幼儿的学习方式和特点，重视幼儿的学习品质。

（4）教育教学活动：在教育教学活动时间，教师与幼儿共同讨论今日计划，幼儿整理今日活动的问题，自由在区域中选择材料，独自或与同伴共同解决问题。教师会将知识点讲述给幼儿，幼儿注意倾听后便可自由、反复操作材料工具。允许幼儿在操作中试错，教师可适当引导幼儿订正错误。幼儿根据材料内容自主进行深度探究，减少对教师的依赖性。

（5）餐前讨论：教师可收集下发的亲子问卷调查表，归纳整理幼儿与父母在活动中的照片或视频与幼儿分享。教师总结上午幼儿在自主学习或集体学习中所发现的问题：怎么解决的？有谁帮助你？新的成就是什么？运用的小技巧是什么？可请幼儿与同伴分享交流学习经验，共享学习成果，为下一次的活动做好准备。

2. 课程内容、实施要求及设计意图

首先在情景导入时我们设置了三个主题："警世钟的历史背景及作品创作""中英街界碑的历史故事""大榕树的生长与环境安全"。将幼儿所分享的内容及疑问记录下来，划分到健康、语言、社会、科学、艺术五个领域中。

其次，根据不同班级的核心问题进行有计划性的探索，以幼儿的问题为导向，贴近幼儿，激发幼儿的学习兴趣。

（1）课程实施线索

情景导入——认识中英街

生活体验——探访中英街

探究制作——发现中英街

汇报展示——中英街景点创意纪念品

评价与反思——家长、教师、幼儿

（2）课程实施框架

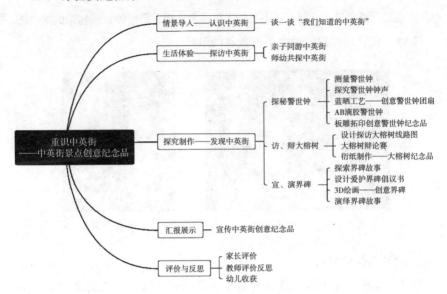

项目实施

一、项目实施过程

（一）情景导入——认识中英街

以中英街景点图片导入。

老师：照片是在哪里拍的？你去过照片上的地方吗？

幼儿 A：照片拍的是中英街。

幼儿 B：是中英街警世钟。

幼儿 C：是中英街博物馆。

幼儿 D：我去过照片上的地方。

老师：中英街的故事你们知道吗？

师幼共同根据图片分享自己认识的中英街。

（二）生活体验——探访中英街

1. 亲子同游中英街

共同认识中英街后，大家发现中英街有很多故事，于是幼儿提出回去与爸爸妈妈一起了解，之后幼儿分享自己了解的方式。

幼儿 D：我和爸爸一起上网查找了中英街里的警世钟、大榕树。

幼儿 E：妈妈带我绘制了从中英街入口到大榕树、警世钟、博物馆的路线图。

老师：我看到你们同游中英街景点的照片了。

亲子绘制同游中英街路线图　　　　　亲子同游中英街

2. 师幼共探中英街

幼儿分享中英街趣事，教师邀请家长义工、博物馆解说员带大家进一步了解中英街历史故事，幼儿产生不同的问题。

幼儿 A：中英街警世钟有多高？

幼儿 B：大榕树树枝压到房子，砍还是不砍？

幼儿 C：为什么有些界碑上有脚印？

通过对问题的整理，我们确立了"警世钟的历史背景及作品创作""中英街界碑的历史故事""大榕树的生长与环境安全"三个子题并开展项目探究。

中英街讲解员介绍警世钟

（三）探究制作——发现中英街

1. 探秘警世钟

（1）测量警世钟

老师：我们可以用哪些方式了解警世钟的高度？

幼儿：用电脑、手机上网查找，查阅有关中英街的书籍。

查找资料后，幼儿提出去现场测量警世钟。分组讨论测量的工具，得出用直尺、卷尺、棍子、书等工具来测量警钟有多高。

小组讨论　　　　　　　　　　　测量工具

测量工具记录单

幼儿带着测量工具和记录单实地进行测量，测量中幼儿发现测量工具不够长，怎么办呢？

选择测量工具

　　分享中幼儿发现原先讨论的物品在实际中无法测量,但如果将卷尺用绳子绑在管子上可以快速准确地测量出高度。

自主测量警世钟

验证测量的数值

　　小组讨论得出:用绳子将卷尺绑在管子上进行测量。最后测量出警世钟的高度是 1.896 米,与我们查找的数据十分接近。

测量记录单

(2) 探究警世钟钟声

　　幼儿从家里带来一个警世钟模型,幼儿在观察警世钟模型时提出疑问:为什么钟锤停止撞击,还有声音呢?

　　幼儿进行了相关的实验:在鼓面上放纸张进行敲击和在有保鲜膜的杯口上放盐大喊。敲击和大喊时纸张和盐都会震动,停止后纸张和盐也随之停止。

幼儿击鼓　　　　　　　　　　　　幼儿大喊

（3）蓝晒工艺——创意警世钟团扇

老师：如何让中英街警世钟成为纪念品呢？

幼儿 A：可以画、绣警世钟。

幼儿 B：我发现蓝晒可以创作不一样的警世钟纪念品。

将蓝晒 AB 液用滴管按 1∶1 的比例混合搅拌，均匀涂抹团扇，阴干后拿到太阳底下。将警世钟剪纸和装饰材料放置在团扇上面，暴晒 15—20 分钟。团扇变成蓝色，再用水冲洗成像。

混合搅拌蓝晒 AB 液　　　　　　　涂抹蓝晒液

暴晒　　　　　　　　　　　　蓝晒警世钟团扇

（4）AB 滴胶警世钟

幼儿讨论制作有警世钟图案的挂件纪念品。幼儿剪出中英街警世钟图，将 AB 滴胶按照 3：1 的比例混合搅拌至透明状，再将图片放入模具中，倒入滴胶，静止至凝固成形。

剪警世钟图　　　　　　　　　　　互相分享

幼儿：老师，为什么只看到单面中英街警世钟？

师幼带着疑问再次观察、讨论、探究制作。

（5）板雕拓印创意警世钟纪念品

幼儿在 KT 板上用铅笔浅雕警世钟图案，再将水粉颜料涂在浅雕好的图案上，用纸张平铺后压实固色。

分享中，幼儿发现不同颜料拓印出的警世钟清晰度不一样。

2. 探访、辩论大榕树

（1）设计探访大榕树路线图

幼儿提出要了解大榕树的生长与环境安全情况，于是教师让幼儿绘出参观大榕树的路线图并投票选出最佳路线图。

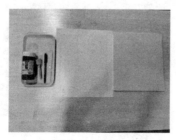

板雕材料工具　　　　　　　　　　设计浅雕警世钟

上色

固色、拓印

作品分享

版画警世钟

绘画探访大榕树路线图

探访大榕树

观察大榕树

（2）大榕树辩论赛

通过参访大榕树，幼儿发现大榕树的枝干向香港一边的房屋倾斜，即将触碰到房顶，于是以"大榕树的树枝压到房屋，砍还是不砍"为题，进行了激烈的辩论。

辩论观点如下：

正方观点：大榕树继续生长不会影响房屋。

反方观点：大榕树继续生长会影响房屋。

　　　　　正方辩友　　　　　　　　　　　　　反方辩友

正方一辩：大榕树是一棵见证了中英街历史的百年大树，我们应该保护它。

反方一辩：大榕树侧枝快触碰到香港的房屋了，会不安全，应该砍掉一些。

正方二辩：可以采取一些措施，但不能轻易砍掉它。

反方二辩：大榕树和生命安全相比，生命安全更重要。

正方三辩：但大榕树是中英街八大景点之一，如果破坏了它，就只有七大景点了。大榕树也是有生命的，不能随便砍伐。

反方三辩：可以只砍掉一点，如果继续生长，压倒房屋出现人员受伤怎么办？

正方四辩：我们可以给大榕树做一个支架，撑住它让它往上生长啊。

反方四辩：如果支撑不住呢？而且我们也只是砍掉一部分，它还会继续长的。

正方五辩：大榕树之所以能成为八大景点之一，不仅因为它是一棵百年大树，也因为它见证了中英街的历史。大树是向上生长的，目前没有触碰香港房屋，不会对香港房屋造成危害，我们要保护好它。

反方五辩：随着时间流逝，大榕树有很多枯枝易断，万一有台风吹断了侧枝，将会造成很严重的后果，我们应该提前砍掉一些侧枝。

老师结辩：大榕树见证了中英街的历史演变，至今已有一百多岁高龄，也成为中英街八大景点之一，护佑着深港两地，故有"根在内地，叶覆香港"之说。同时它也属于国家重点保护对象，我们要爱护它，如有树枝压到房屋的情况可向有关部门反映。

正方辩赢　　　　　　　　　　输了没关系

（3）衍纸制作——大榕树纪念品

幼儿寻找班级活动区的材料，在 KT 板上绘制大榕树轮廓，用轻黏土做枝干，衍纸卷圈圈做榕树叶，共同制出一幅大榕树纪念作品。

绘制大榕树　　　　　　衍纸制作　　　　　衍纸大榕树纪念品

3. 宣、演——界碑的历史故事

（1）探索界碑故事

老师：你们知道中英街里有几块界碑吗？它们又分别有哪些历史故事呢？

幼儿进行讨论交流，知道中英街里有八块界碑，了解了界碑的历史故事和界碑的具体位置。

（2）设计爱护界碑倡议书

通过亲子同游，幼儿发现部分游客在与界碑拍照时有不文明行为，于是幼儿与教师共同讨论：我们可以做些什么来阻止不文明行为？

幼儿分享观点

通过讨论，得出以下六种办法：

①小喇叭；②邀请警察叔叔协助；③拉警戒线；④拉围栏；⑤设计界碑警示牌；⑥自制倡议书。

讨论后，幼儿决定设计警示牌和倡议书来保护界碑。

设计警示牌

幼儿与同伴分享，得知界碑警示牌和倡议书要图文结合，美观显眼，这样才能让游客一看就清楚。

分享倡议书海报

（3）3D 绘画——创意界碑

幼儿观察界碑的形状并设计草图，利用 3D 画笔创作自己眼中的界碑。

幼儿使用 3D 画笔创作

（4）演绎界碑故事

为让更多人知道中英街界碑，幼儿根据界碑的历史故事仿编了他们理解中的界碑故事，一起铭记历史。

（四）汇报展示——宣传中英街创意纪念品

幼儿走出校园来到中英街社区，勇敢、自信地给游客们介绍创意纪念品的制作过程及中英街相关历史文化。

向游客宣传中英街创意纪念品

（五）评价与反思

家长：幼儿了解了中英街历史故事，作为家长还需要向幼儿学习。

教师：在实践过程中幼儿兴趣非常浓厚，教师与幼儿共同学习，也进一步了解了中英街的历史。

幼儿：在"重识中英街"项目中，能大胆、主动地解决问题，学会了与同伴合作，同时也萌发了爱国主义情感。

二、幼儿作品及评价

项目	作品	发展脉络	评价
探秘警世钟		通过探秘警世钟的历史故事，了解警世钟的由来和图案、文字所代表的寓意	通过警世钟历史故事让孩子初步了解中国近代历史，铭记历史，爱我中华

（续表）

项目	作品	发展脉络	评价
访、辩大榕树		通过访、辩大榕树，了解中英街大榕树是中英街历史的见证，在辩论中幼儿的逻辑思维得到锻炼	通过辩论赛了解树龄有一百多年的大榕树是国家重点保护对象，树立爱护植物人人有责的观念
宣、演界碑		幼儿通过创编、演绎、宣传界碑的历史故事，培养爱祖国、爱家乡的情怀	幼儿通过向游客宣传、演绎界碑故事，把中英街的历史传递给更多人，萌发了弘扬历史文化的愿望

附　录

附录 1: 项目教学案例设计评价表

项目	内容提要	分值	得分	备注
教学目标	活动目标准确、恰当、具体，能体现三维目标，并细化活动目标	20		
活动内容分析	根据活动内容，列出知识点、重点、难点等	10		
幼儿经验分析	结合教学内容，针对幼儿实际，从知识、技能、情感等方面进行分析	5		
教学设想	针对教学内容设计教学流程，对幼儿的学习活动做出合理安排	10		
教学时数	教学课时安排合理	2		
教学方法	概述主要的教法、学法以及突出重点、破解难点之法	10		
教学流程	基本程序包含新课导入、教学要点提示、教学步骤、操作设计等	20		
教学媒体	明确使用哪些教具、学具或电教媒体	3		
板书设计	板书简明、精要、美观	5		
活动过程检测	活动过程中针对单项进行过关检测，重视基础知识、基本能力锻炼	5		
教学反思	对教学进行总结反思，写教学后记、反思小结及后续调整策略	10		
设计人:　　　　　　检查人:　　　　　　时间:			总分	

附录 2: 项目教学活动设计与实施评价表

指标	内容	分值	得分
教学素质	1. 熟悉教学活动流程，掌握活动内容，能创造性地运用教学手段，教学设计有新意； 2. 教学技能全面，善于组织教学和驾驭活动过程，应变能力强； 3. 思维能力强，能抓住领域目标； 4. 语言准确、规范、流畅，表达能力强，普通话好	10	
教师教学行为	1. 能根据教学活动，合理地选择组织形式，活动安排适当、有效； 2. 能适时、适度地运用现代技术和其他教学具为教学服务； 3. 能积极引导幼儿自主合作、探索学习，引导幼儿对知识进行思考、探索、实践、交流和总结； 4. 既能面向全体，又尊重个性，因材施教，重视对幼儿的鼓励与肯定	25	
幼儿学习方式	1. 幼儿普遍有浓厚的学习兴趣，在学习过程中参与度高； 2. 幼儿个体的自主学习能力强，会倾听、思考、表达和提问； 3. 幼儿在学习中能积极地提出问题和讨论问题，思路清楚，思维活跃； 4. 同伴间能合作学习，并在合作中分工明确地进行有序和有效的探究； 5. 幼儿在学习中能主动反思，发挥求异、求新的创新精神	25	
教学过程	1. 案例内容得当、新颖，重点突出，包含难点突破； 2. 教学环节安排合理，过渡自然，能从生活中引出知识，并运用知识解决生活中的实际问题； 3. 探究点、合作点定位准确，有针对性地展开活动； 4. 能发挥教师的主导作用和幼儿的主体作用，师生关系融洽	20	
教学效果	1. 幼儿基础知识掌握较好，基本技能得到操作检验和成果呈现； 2. 幼儿在学习过程中掌握了一定的学习方法； 3. 各层次的幼儿得到不同程度的发展； 4. 三维目标能有机整合	20	

附录 3: 项目教学幼儿活动评价表

小组成员					备注
评价类别	评价标准	评价内容及分值	评价值		
学习准备	资料准备	能参与资料收集整理（5）	好　较好　不好		
	计划制订	能在成人的帮助下制订简单计划（5）	好　较好　不好		
学习过程	操作过程	主要操作内容一（10）	好　较好　不好		
		主要操作内容二（10）	好　较好　不好		
	问题探究	在实践中发现问题，能通过动手动脑解决问题（5）	好　较好　不好		
	文明安全	在活动中能尊重他人，能礼貌地与他人交流，在学习过程有自我安全保护意识（5）	好　较好　不好		
学习拓展	知识链接	能将所学知识运用在活动中（5）	好　较好　不好		
	应变能力	操作探索中能有新发现和新方法（5）	好　较好　不好		
	创新意识	在集体中善于思考多种解决问题的方法（5）	好　较好　不好		
主动程度	学习态度	在活动中能积极主动参与（5）	好　较好　不好		
	合作意识	能想办法吸引同伴和自己一起合作（5）	好　较好　不好		
	严谨细致	能用多种工具、材料展现作品（5）	好　较好　不好		
任务完成情况					
综合评价					

附录 4：项目教学中教师对学习小组的评价表

小组成员				班级	
项目名称				学习时间	
评价类别	评价标准	评价内容		分值	评价
学习准备	资料准备	参与资料收集、整理、自主学习		5	
	计划制订	能在成人帮助下制订简单的计划		5	
	小组分工	分工合理、协调有序		5	
学习过程	操作技能	能熟练运用已有技能		40	
	问题探究	实践中能发现问题，并运用理论知识解决问题		10	
	文明安全	在活动中能相互尊重，团结友爱		5	
学习拓展	知识迁移	能实现前后知识的迁移		5	
	应变能力	能举一反三，提出改进建议或方案		5	
	创新程度	在原有基础上有创新意识		5	
学习态度	主动程度	小组成员能积极主动参与活动		5	
	合作意识	小组成员能相互合作，善于倾听		5	
	严谨细致	认真仔细，有防止失误的意识		5	
		合计		100	
综合评价问题改进					

案例三　探究疍家文化——以疍家服饰为例 *

项目方案

一、课程名称

探究疍家文化——以疍家服饰为例

二、适用年级

幼儿园大班

三、总课时

1 个月

四、涉及领域

科学、社会、语言、健康、艺术

五、课程简介

疍族是我国南方一个很古老的族群，历代漂流，生活在江河湖海，形成一个特殊的水上社会群体。疍家人具有适应江海环境的强大能力、应对逆境的坚韧心态和不屈不挠的斗争精神。艰苦的生活环境造就了他们坚强的内聚力和勇敢、勤劳、刻苦、知足、乐观的精神风貌。项目通过幼儿园教育的方式把疍家渔民生活中的精神和文化介绍给幼儿。

疍家以舟为家，服饰颜色体现文化环境适应现象，以蓝色、黑色为主色调，材质主要有棉、麻、蚕丝、蕉等，所以疍家服饰具有简单、耐水、易干的特点。课程设计坚持问题导向、贴近生活等原则，通过让幼儿亲身感受、亲身体验、亲手操作和自主探索，培养其明德知礼、健康自信、乐学尚美、善思睿智的品质。

---

* 本案例由深圳市盐田区盐田幼儿园提供，伍淑芬、张岚、李慧淇、林岩共同执笔。项目组主要成员有张岚、张浪月、伍淑芬、李幼琴、李慧淇、林岩、许欢婷、叶秋琬等。

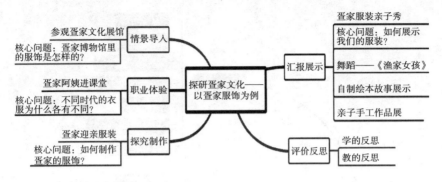

六、课程资源分析

疍家服饰十分具有传统特色，蕴含着丰富的文化内涵。服饰是人们最基本的需求之一，生活中我们是离不开服饰的。随着时代的发展、社会的改变，服饰也不停地更新变换。活动让幼儿直接感知和亲身体验传统服饰，让幼儿从中获得生活经验。在材料方面，我们建立资源库，提供各种花布、工具（剪刀、胶水、刻刀等）、纸品（花纹纸、卡纸、彩色纸等）、辅助材料（亮片、毛球、玉米粒等），还有各类开放性低结构材料（砖块、积木等）。在教育教学方面，幼儿园设三个场馆，分别是语言馆、美工馆、科学馆。语言馆可以提供绘本故事，让幼儿自制绘本故事和角色扮演道具等；美工馆提供丰富多样的低结构材料；科学馆提供探究类工具等。在人员资源方面，幼儿园行政人员会进班配合班级开展活动，还会不定时邀请社区工作人员和疍家阿姨入园做助教。在参观实践活动中，我们利用家长资源和社区资源，让家长与幼儿一起走进盐田区疍家历史文化展馆。

七、课程目标

（一）活动总体目标

陈鹤琴先生说，大自然、大社会都是活教材。疍家人自古以来"浮生江河"，阳光、沙滩、贝壳、赶海和捕鱼，构成了疍家独具特色的文化风貌。勤劳的品性、质朴的服饰、独特的语言、特色的美食、传统的歌唱和婚嫁习俗等，是疍家人生产生活中文明和智慧的结晶。盐田幼儿园坐落于渔民新村，倡导并推行"一日生活皆课程"的教学理念，以教师为主导、幼儿为主体的基本原则，让幼儿在项目式学习中获得有益于身心发展的经验，进一步加强

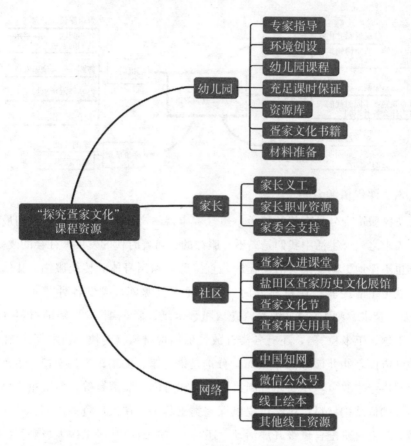

课程与生活之间的融合。基于此，在幼儿园"润育"课程的基础上，本项目总体目标分为以下五个维度：

润之以"德"：通过让幼儿了解疍家服饰特色，对幼儿进行文化启蒙、知识浸润，引导幼儿进一步感受疍家浓厚的人文风俗，热爱身边的非物质文化遗产。

育之以"智"：了解疍家服饰的制作工艺，学习用自然测量法对服饰制作进行科学探索。通过让幼儿动手制作，培养幼儿发现问题、解决问题的能力，使幼儿能够运用简单的科学知识和基本的科学技能解决问题，在探索和比较的过程中学会合作、反思、发现和解决新的问题，培养幼儿勇于创新的精神。

润之以"体"：让幼儿在探索发现、动手操作、小组合作的过程中，增强体质，促进全面发展，鼓励幼儿坚持、不放弃，培养幼儿勇敢坚强、善于合作的学习品质。

育之以"美"：通过认识疍家服饰、环保制作、服装秀等环节，帮助幼儿感受疍家服饰的美，培养幼儿认识美、体验美、感受美、欣赏美、创造美的能力。

润之以"劳"：劳动教育贯穿整个活动过程，通过让幼儿亲身体验、动手操作、大胆展现，培养幼儿良好的生活、卫生习惯，让幼儿学会简单的收拾、整理及清洁工作，养成热爱劳动、勤于实践的良好品质。

（二）活动具体目标

（1）通过了解疍家服饰特点，感受疍家民俗风情，了解疍家文化。

（2）通过自然测量法测量服饰、动手制作服饰、开展环保服装展示秀，培养发现问题、大胆探索、勇于创新的学习品质。

（3）在项目式学习中自主探究，培养善于合作、大胆探索等品质。

八、活动安排

（一）课程实施时间安排及说明

幼儿园一日生活既是幼儿园课程的内容，也是课程的载体。为此，我们的项目式学习开展安排如下图。

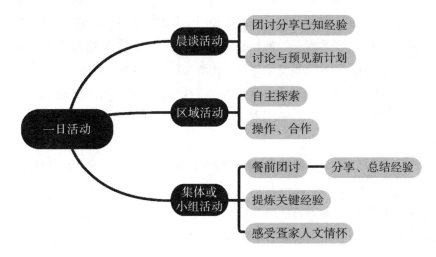

项目式学习在一日活动中重点体现在晨谈活动、区域活动、集体或小组活动等环节。

（1）晨谈活动：晨间谈话活动是教师与幼儿通过语言交流等方式相互分享经验的学习活动。幼儿通过晨间谈话，回顾、分享和总结关于疍家习俗、疍家服饰的已有经验，为接下来的新活动做好准备。

（2）区域活动：在区域活动时间，让幼儿学习使用自然测量法对疍家服饰的材质进行科学测量，幼儿与教师共同探索或自选材料和同伴动手操作。幼儿可以按自己的意愿进行自由选择，反复操作，对知识进行理解和内化吸收。此环节要求幼儿运用材料动手实践，进行合作学习。

（3）餐前团讨分享：教师将幼儿活动期间的"惊叹"时刻用视频或照片记录下来，请幼儿进行分享：在活动中你发现了什么？做了什么？问题如何解决的？通过分享环节，幼儿共享经验，为下一步的探究活动提供思路，为制订新的目标和计划做准备。

（4）集体或小组活动：教师协助幼儿创建适宜的活动，创设具体的问题情境，引发幼儿主动探究的愿望和兴趣。教师、幼儿就同一问题交流互动、分享经验，使幼儿获得知识建构、习得技能、形成情感与态度，增强任务意识与完成任务的能力、规则意识与合作能力等。

（二）课程内容、实施要求及设计意图

首先，我们向幼儿提出问题：疍家人的服饰是什么样的？他们的服饰和我们的有什么不同？并将收集到的思考和问题分为科学类、探究类、人文类。

其次，确定"疍家迎亲"的核心问题：如何让疍家新郎新娘穿上好看的衣服呢？基于此，逐步开展整个项目，让幼儿直接感知和亲身体验。

再次，基于完整的项目式学习流程：发现问题→提出问题→研究问题→解决问题，以"情景导入、职业体验、探究制作、汇报展示、评价反思"的思路开展教学。

最后，以过程性评价的方式从教师评价、幼儿评价、环境评价、项目整体评价四个方面进行评价，以他人评为主，结合互相评价和自我评价。幼儿在这个过程中对疍家人文服饰特色形成基本的理解，并进行深入探索，培养明德知礼、健康自信、乐学尚美、善思睿智的品质。

项目实施

一、项目实施过程

（一）情景导入——参观疍家文化展馆

盐田幼儿园的孩子们几乎每年都会听闻一场热闹的盛会——疍家文化节。其乐融融的壮观场面令孩子们瞪大了求知的双眼，各种疑问纷至沓来。为了让幼儿能近距离感知疍家文化，我们从盐田社区本土文化入手，开展有根、扎实的传统文化教育，以"探究疍家文化——以疍家服饰为例"为本次项目式学习的驱动性任务，让幼儿亲身感受疍家传统文化。幼儿走入了疍家文化展馆。

幼儿 A：老师，这是什么地方呢？

幼儿 B：为什么他们的汤圆那么大？

幼儿 C：为什么他们穿的衣服和我们的不一样？

幼儿 D：这种衣服是怎么做的？还有他们的帽子好有意思哦……

老师：我们现在一起探究一下他们身上穿的神奇服装吧！

带着好奇心和探究心，孩子们开始了疍家探秘之旅。

教师带领幼儿有次序地进入文化展馆观看，并认真倾听讲解员的讲解，了解相关知识。提醒幼儿不要乱摸乱动文化展品和设施，不允许私自走动离开集体。引导幼儿安静地参观文化展馆，自主观察疍家文化展馆里陈设的物品。

老师：疍家人的生活环境、方式与我们有什么不同？

幼儿 A：老师，我看到他们是生活在船上的。

幼儿 B：他们会捕鱼，我们不住在船上也可以吃到鱼。

老师：通过讲解员姐姐的讲解，我们知道了疍家人是生活在海上的，你们还有什么新发现？

幼儿 C：我看到疍家人穿的衣服跟我们的不一样。

幼儿 D：他们穿的衣服很多都是蓝色的，还带着很特别的花纹。

幼儿 E：对，他们衣服上的纽扣跟我们的也不一样。

幼儿 F：他们的裤子短、上衣长，头上还有蓝色的头巾。

（二）职业体验——疍家阿姨进课堂

疍家阿姨穿着特色服装，唱着"咸水歌"表演划旱船，幼儿观察。

教师和幼儿一起讨论疍家服饰特点。

老师：小朋友们，我们今天邀请了疍家阿姨来到我们幼儿园，请小朋友们观察一下，疍家人的传统服装与我们现在穿的服装有哪些不同呢？

幼儿观察捕鱼工具

幼儿参观迎亲服装

幼儿 A：阿姨衣服的颜色为什么和我们穿的不一样呢？

幼儿 B：他们的衣服都由蓝色和黑色组成。

幼儿 C：为什么阿姨的衣领和袖口都有花纹呢？

幼儿 D：阿姨手上拿的是什么呢？

幼儿 E：我知道，那可能是船桨！

疍家阿姨：小朋友们观察得都很仔细。疍家人大多数在海上生活，为适应海风大、日照强烈的环境，服装材料多采用当地生产的棉麻料。在衣服颜色上，以黑、白、蓝等冷色调为主，在款式上以大襟衫、大浪九等为代表。

蓝色和黑色与天空和大海的色调相近，体现了我们疍家人对天海环境的认识，以及对天空和大海的畏惧和崇拜。

通过 PPT 介绍初步了解疍家服饰

观察疍家人的服饰

幼儿 A：阿姨头上的帽子和我们戴的帽子不一样。

疍家阿姨：小朋友可以看一看、摸一摸我们的帽子，感受一下，有什么不同呢？

幼儿 B：哇！阿姨的帽子像一个锅盖，上面还有好看的装饰。帽子为什么是这样的形状呢？

疍家阿姨：这是竹子编的大盖帽，在我们出海打鱼的时候，起到防晒挡风的作用。收割的时候还可以挡住水稻，保护眼睛。

幼儿 C：阿姨，你们的衣服裤腿很宽松，为什么会设计成这样呢？

疍家阿姨：疍家人的裤腿都很宽松。女装上衣为斜襟样式，领、袖、衣边绣花；男装上衣则为对襟，布制纽扣，上下左右各有一处口袋。裤子短、裤腿宽松有利于水上作业，而上衣长可以减少太阳光对皮肤的辐射。这也体现了衣服形态对水环境的适应。

（三）探究制作——疍家迎亲服装

1. 幼儿观看疍家文化节时的迎亲婚俗表演，引出主题

幼儿 A：听说疍家文化节就要来了，疍家迎亲婚俗里他们的衣服和我们的是不一样的，有很多漂亮的花纹。我们也来制作漂亮的迎亲服装吧！

幼儿 B：那我们应该怎么制作衣服呢？应该准备什么？

幼儿探究疍家帽子

幼儿观察和触摸疍家服装的布料

幼儿 A：我知道，平时妈妈给我买衣服都会拿尺子测量我的身高、胳膊和腿的长度。

幼儿 B：我们找一找身边可以测量的工具吧！

老师：老师准备了好多工具来进行测量，现在请小朋友先用不同的工具测一测，并记录自己测量出来的长度。

幼儿 B：好的，我想用铅笔来测量袖子需要的长短。

幼儿 C：我来帮助你，你看，我们用铅笔测量出来袖子需要两只铅笔那么长。

幼儿 C：我妈妈说过，身高可以用卷尺来测量。

幼儿 D：树枝可以用来测量衣服的尺寸吗？

老师：大家可以尝试一下，但要注意使用的工具的前端要和起点对齐，最好做一个标识，然后测剩下来的尺寸时，在做的标识上接着测量，这样才能测得比较准确。

幼儿测量尺码

幼儿分享疍家男性和女性服装的不同

2. 疍家人进课堂和幼儿一起制作疍家服饰

疍家阿姨引导幼儿仔细观察疍家服装的花纹和纽扣等，并讲解疍家服饰的制作流程。

幼儿 A：阿姨，你可以和我们一起设计疍家迎亲的衣服吗？

疍家阿姨：可以呀，我很高兴和大家一起设计迎亲服饰哦！首先，我们观察一下图片，找一找需要的材料吧。

幼儿 B：我想要蓝色的布、纽扣和一些红色的纸来制作衣服。

幼儿 C：那我们现在要怎么制作呢？

疍家阿姨：我们先画出服装设计图，接着根据你们上次测量的尺寸裁剪出合适的布料，最后拼接到一起。

根据上次测量的尺寸记录，结合疍家阿姨对服装制作的指导，幼儿继续进行服装制作。在服装制作的过程中分为三组：A 组幼儿负责设计，B 组幼儿负责裁剪，C 组幼儿负责粘贴缝制。在活动中幼儿分工合作，遇到问题时向同伴和老师请求帮助。

幼儿裁剪服装装饰　　　　　　　　　　幼儿粘贴服饰

3. 开展疍家服装分享交流会

老师：小朋友们都制作了这么漂亮的疍家服装，请你们来分享一下自己设计的疍家服装吧！

幼儿 A：哇，你们用环保材料制作的衣服好漂亮呀！

幼儿 B：这是我们 B 组合作完成的服装，我们用的是红色和蓝色的布。

幼儿 C：看，这是我们和阿姨一起制作的疍家服装。

幼儿 D：我们大家都做了这么多漂亮的衣服，一起去舞台上表演吧！

幼儿分享用环保材料制作的疍家服装　　　幼儿展示自己制作的疍家服装

（四）汇报展示——疍家服装亲子秀

幼儿在园内表演"疍家服装亲子秀"，在排练的过程中，幼儿积极配合，分工明确。一名家长作为总导演给幼儿和家长进行排练。最后在正式演出时，盐田幼儿园的幼儿和家长有条不紊地顺利进行了演出。

幼儿和亲子进行疍家美食展示　　　　　　疍家迎亲表演

社区工作人员安排专业老师为幼儿园编排了《渔家女孩》舞蹈节目，不仅在幼儿园进行表演，还参与了疍家文化节文艺展演。

通过了解疍家习俗，幼儿自己想象、创编故事，并把故事以绘画的形式表现出来。

幼儿制作绘本

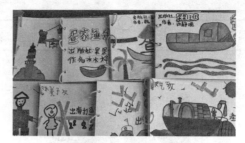
自制的疍家文化绘本

家长陪伴幼儿进行亲子手工制作，将亲子作品上传至小程序，在线上供家长和幼儿欣赏及对作品进行投票。

（五）评价反思

基于学的反思：

探究疍家服饰的活动，不仅让幼儿了解了疍家文化的悠久历史，还让幼儿在制作服装的过程中，亲身体验设计、裁剪、缝纫等制作服装的基本步骤，初步构建对服装制作的基本概念。

基于教的反思：

教师利用本土资源的优势，结合社区资源把疍家人请进幼儿园，让幼儿体验疍家文化的特色，从而帮助幼儿习得制作衣服的经验。

二、幼儿作品及评价

项目	作品	发展脉络	评价
自制疍家文化绘本		利用多种途径寻找疍家迎亲历史资料，了解到疍家人娶亲时使用花船，穿着独特的迎亲服饰。在获得知识之后，幼儿动手制作疍家迎亲绘本	利用疍家历史文化帮助幼儿了解疍家文化是我国的非物质文化遗产，感受浓厚的人文情怀，热爱和传承传统文化

（续表）

项目	作品	发展脉络	评价
亲子手工展		通过参观疍家文化展馆，幼儿对疍家的渔船、服装、海上生活、房屋以及习俗等有了一定的了解，并与家长一起制作关于疍家文化的手工作品	疍家文化展馆的讲解员向幼儿和家长讲解疍家文化的历史，让幼儿感受疍家人勤劳朴素和不怕困难的品质。让幼儿在亲身体验和动手操作的过程中，培养坚持不懈和勇于探究的品质

（续表）

项目	作品	发展脉络	评价
我设计的疍家服装		社区人员和疍家阿姨进课堂给幼儿讲解疍家服饰的文化特色。在获得知识的同时，幼儿测量尺码、设计疍家服装并利用身边的材料亲手制作服装，教师给予引导和协助	幼儿通过构思设计疍家服装，探寻生活中具有文化特色的服饰，感受疍家服装的传统特色，培养文化自信

三、项目评价

(一) 评价观

在目的方面，给幼儿创造一个亲近社会、直接感知、亲身体验和自主探索的机会。在内容方面，把项目式学习渗透到幼儿园各领域的教育教学活动中，教师一边开展活动一边进行多方位评价，促进幼儿的全面发展。

(二) 评价内容和手段

在幼儿评价方面，主要使用作品展示、教师观察记录等方式。在教育教学评价方面，主要采用行政人员进班观察记录及访问教师、访谈幼儿的形式。在教师评价方面，关注师幼互动的质量，关注教师与幼儿在项目实施过程中的态度和行为是否温馨、和谐，是否利用幼儿园环境的创设和不同的空间打造疍家风俗文化的体验。

四、项目反思

(一) 项目亮点

1. 结合盐田渔民新村本土资源，运用幼儿园项目式学习框架开展活动

"探究疍家文化——以疍家服饰为例"项目式学习通过社会实践、社工助教、亲子互动等途径为幼儿创造了一个亲近社会、了解社会、体验社会的自主学习机会。

2. 邀请疍家阿姨来园互动

在活动中，教师针对幼儿关于疍家传统文化的认知度进行调查，拉开引领幼儿探究疍家文化的序幕。通过网络搜集、社会实践让幼儿了解疍家文化的悠久历史；通过邀请疍家阿姨来园互动，帮助幼儿体验疍家服饰的制作。

3. 社区、幼儿家庭协同

通过社区、幼儿家庭协同为幼儿创设一个充满趣味的教育活动背景。让疍家文化融合进主题教学活动中，以探研疍家文化的主题活动为载体，以疍家文化特色为线索，通过职业体验、科学探究、自主创新的方式为幼儿提供更加广阔的实践学习空间，培养幼儿自主学习、思考和动手的能力。

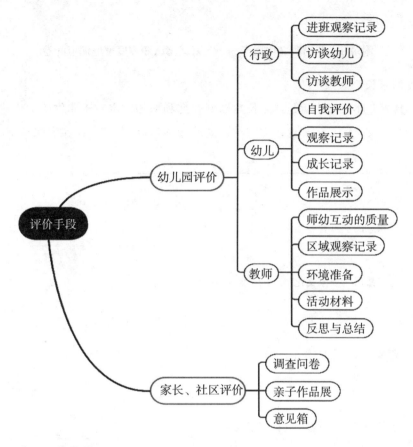

（二）项目优化

1. 基于学的优化

加强幼儿对疍家传统文化的认知度，让家长在家和幼儿一起尝试用不同的材料制作疍家服装，再带回园进行展示，让幼儿介绍自己的设计理念以及意图。

2. 基于教的优化

开发课程资源，在活动过程中，教师提供支持，让幼儿自主学习，感受独特而丰富的疍家文化风貌，获得对疍家渔民的文化与智慧的认同感。结合本土资源，对幼儿提出问题，创设生动有趣的情境，引导幼儿自己发现、探究和学习，以此实现幼儿综合能力的均衡发展。

附　录

附录 1：非物质文化遗产——疍家文化认知程度家庭调查问卷

亲爱的家长：

　　您好！本问卷宗旨是从家长角度调查您和您的宝宝对于非物质文化遗产——疍家文化的了解程度，请您在认同的选项后画"√"，请如实完整填写，感谢您的配合！

一、您是疍家人吗？	是　　　　　☐ 不是　　　　☐
二、您和您的宝宝曾经接触过疍家文化吗？	接触过　　　☐ 没有接触过　☐
三、您对盐田"疍家文化节"的了解有多少？	比较了解　　☐ 一般　　　　☐ 不太了解　　☐ 完全不了解　☐
四、您对疍家文化是什么态度？	非常喜欢　　☐ 一般　　　　☐ 不喜欢　　　☐ 没听说过　　☐
五、您家中有关于疍家文化的图书或影像资料吗？	有　　　　　☐ 没有　　　　☐ 会考虑添加　☐ 不需要　　　☐
六、您愿意带着宝宝去参观疍家文化节和疍家文化展馆吗？	会　　　　　☐ 不会　　　　☐
七、您对幼儿园组织幼儿进行传承中华民族传统文化的活动持什么态度？	非常支持　　☐ 可以组织　　☐ 无所谓　　　☐ 不支持　　　☐

请写出您对传承传统文化的建议。（您的建议对我们活动的开展具有重要的参考价值，请留下您宝贵的建议）

附录 2: 亲子小测量

幼儿姓名			日期				
我的测量工具							
尺寸信息	上衣	衣长	胸围		袖长		肩宽
	裤子	腰围	臀围		裤长		身高
我的尺寸参照图			我的尺寸		我的衣服		

备注: 请家长陪同幼儿完成"亲子小测量"表, 家长测量, 幼儿做记录, 尺寸信息以幼儿的衣服为准, 尺码填写可参考"我的尺寸"参照图, 请家长陪同幼儿设计"我的衣服"。

附录 3: "多彩的服装"设计记录表

记录人									
尺寸	上衣	肩宽:		胸围:		袖长:			
	裤子	腰围:		臀围:		裤长:			
制作材料	皱纹纸 □		包装纸 □		环保袋 □		装饰品 □		其他 □
制作工具	剪刀 □		胶水 □		黏土模具 □		其他 □		
方法	剪折 □		粘贴 □		撕 □		绘制 □		

附录 4：评价内容和手段

填写说明：在下列各项中填上合适的等级，满分为三颗星。由教师评价。			
情景导入环节			
评价内容	幼儿 A	幼儿 B	幼儿 C
对疍家迎亲习俗的理解			
掌握多种查阅资料的方法			
能够对比自己的生活和疍家人的生活			
职业体验环节			
积极参与体验活动			
能与同伴沟通，大胆表达自己的想法			
探究制作环节			
能通过思考解决问题			
能画出服装设计图			
通过分工合作完成任务			
选择合适的材料制作			
能与同伴合作测量服装的长度			
汇报展示环节			
能用清晰的语言分享活动过程			
了解、体验同伴付出的劳动			
懂得欣赏他人的劳动成果			
幼儿 A 访谈记录			
问题	回答		
你有什么问题需要解决吗？			
问题有没有得到解决？			
你遇到了什么困难？			
你与小朋友之间合作了什么？			
遇到问题时你会怎么解决？			

案例四　大梅沙社区音乐节
——以梅沙幼儿园为辐射中心的社区音乐课程 *

项目方案

一、课程名称

大梅沙社区音乐节——以梅沙幼儿园为辐射中心的社区音乐课程

二、适用年级

幼儿园大班

三、总课时

19 课时

四、涉及领域

艺术、语言、社会、健康、科学

五、课程简介

盐田区大梅沙海滨公园开展的沙滩音乐节，一直是游客们喜爱的项目。音乐节后，教师观察到孩子们对声音，对音乐区、大厅的各种乐器越来越感兴趣。于是，我们就以幼儿的兴趣为主，结合我园优质的音乐教师资源以及周边社区丰富的资源，以如何举办一场大梅沙社区音乐节为驱动性问题，发起"大梅沙社区音乐节——以梅沙幼儿园为辐射中心的社区音乐课程"项目式学习，培养幼儿的艺术综合素养，激发幼儿对音乐知识的兴趣和对音乐表现能力的思考。同时旨在以梅沙幼儿园为辐射中心，逐步构建具有梅沙特色的社区音乐课程体系。本项目式学习以幼儿为中心，构建幼儿与同伴、教师、家长、社区合力参与的学习共同体，支持幼儿初识乐音、解密乐器以及筹备、参与社区音乐节，提高幼儿音乐审美与创造能力，促进幼儿身心全面健康发

＊ 本案例由深圳市盐田区梅沙幼儿园提供，张燕、王樱奥、刘丽婷、林雯诗共同执笔。项目组主要成员有张燕、王樱奥、刘丽婷、林雯诗、胡夏青、汤燕平、梁平等。

展，培养幼儿社区公民意识，加强幼儿对本土特色音乐文化的认同感与归属感。

六、课程资源分析

学校资源：丰富多样的幼儿音乐教材、乐器、音像资料、音乐书刊、音乐场地、幼儿园音乐文化氛围、幼儿园文体活动等。

教师资源：特色园长资源，园长具有独到的艺术修养及专业的音乐教学能力。定期举办教师艺术技能学习活动，具有艺术特长的教师众多。教师乐器交流活动为教师搭建才艺展示舞台。各类音乐社团，互帮互助带动全园教师学习音乐技能。引进专业音乐教研专家，搭建特色音乐课程体系。建立音乐教学研讨组，探讨音乐课程实施与改进。积极收集社区音乐资源，通过对所采集的音乐资源的分析、整理、编辑，将梅沙社区特色音乐融入幼儿园课程，组织教师及音乐达人选取优秀音乐文化作为教学资源，以梅沙社区音乐文化资源为载体，以梅沙（盐田）文化园本课程体系为核心，探索有效教育途径。

家庭资源：具有专业音乐知识或音乐特长的家长和丰富的家庭音乐资源（例如电脑、各种乐器、音乐书籍和杂志、音像资料、家庭音乐活动等）。

社区资源：除了提供丰富的音乐物质与文化环境，社区特色音乐社团还能提供"音乐活动进校园"的公益性演出，以及地方特色音乐课程的学习和训练，让幼儿了解和体验不同的音乐艺术，从而产生对本土音乐文化的归属感。

网络资源：中国知网、数字图书馆、百度百科以及以公众号为主体构建的梅沙幼儿园在线音乐社区等。

七、课程目标

（一）活动总体目标

习近平总书记在全国教育大会上指出，要努力构建德智体美劳全面培养的教育体系，形成更高水平的人才培养体系。基于此，本课程将五育并举作为主要目标。

德育：通过对歌曲内容的把握，培养幼儿优秀的品德；通过多元化的音乐教育培养幼儿平衡与包容的品格，使幼儿尊重其他文化。让幼儿投入聆听，感受音乐，对日常生活和学习的态度发生积极转化。

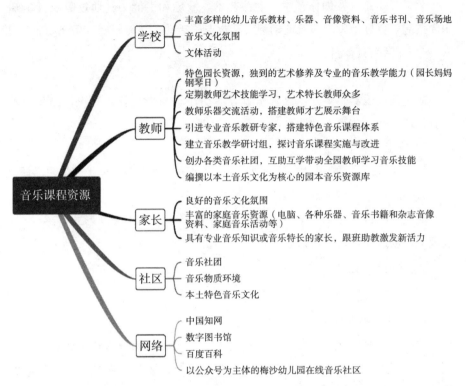

智育：注重培养幼儿的动手创造能力、独立性和批判性思维能力、创新实践能力。坚持艺术形象布局的审美特征和细腻丰富的情感内容相结合，使左右脑不同的工作方式和艺术作品中不同的结构要素相互作用，促进以右脑功能为主的全脑功能的开发；用音乐自由的遐想空间培养理性的智慧。

体育：音乐教育以活动的形式进行，保证幼儿身体健康发育的必要条件，并且促进幼儿基本心理机能的发展；培养肢体协调能力、动手能力。

美育：鼓励幼儿倾听并模仿各种好听的声音，感知声音的高低、长短、强弱等变化，并产生相应的联想；鼓励幼儿参加音乐活动，大胆表现自己的情感和体验；用唱歌、律动或简单的舞蹈等自己喜欢的方式进行表现活动；让幼儿欣赏多种艺术形式和作品，萌发对美的感受和体验；用音乐活动丰富多彩的表现形式进一步激发幼儿对艺术的兴趣；使幼儿乐于感受自然界、生活环境中所蕴含的美，初步体验各种音乐艺术作品和乐器、身体韵律所呈现出的独特美。

劳育：幼儿自发创作艺术，表演艺术，锻炼动手能力；通过吸收音乐知识和技能，更好地发挥主观能动性；喜欢音乐活动，并能跟随音乐律动。

（二）活动具体目标

1. 知识

通过认识乐器、举办社区音乐节等活动让幼儿吸收音乐知识，提升音乐素养，培养幼儿艺术表现能力。

2. 技能

幼儿通过亲自动手制作，培养自主发现问题、解决问题等优秀学习品质。

3. 情感

幼儿在项目式学习中自主探究，运用多元化的艺术表现形式，感受美，表现美，创造美，培养自信心。

八、活动安排

（一）课程设计背景

1. 社区音乐课程资源

社区音乐课程资源开发是指探寻社区内一切有可能进入音乐课程，能够与音乐教育教学活动联系起来的资源。充分挖掘社区音乐课程资源。主要包括把社区内原来有教育意义却未被充分利用的环境和社会资源纳入课程资源范畴，即社区资源课程化，以及对原有社区课程资源进行再开发，更充分地发挥其教育的功能和意义。

发达国家在社区课程资源开发上取得了显著的研究成果并具有丰富的经验。美国的社区课程资源开发强调唤醒教师作为课程资源开发主体的意识。通过建立校内校外课程资源的转化机制，充分开发地方和社区的课程资源。在学校、家庭、社区及整个社会树立大教育观，把教育看作一种包括所有公民在内的社会责任，充分开发社区教育资源，建立新型教育体系。在国内，伴随着基础教育课程改革的深入，课程资源及其开发方面的研究成果更为丰富了，但主要围绕学校内部的课程资源开发进行探讨，社区等校外课程资源目前还未得到充分的重视，在现有研究中所占比例较小，对社区音乐课程资源开发的研究就更少了。至今尚无人系统研究幼儿社区音乐教育资源的开发与利用，这一课题的探索尚属该学术领域的空白点，说明本课题具有很大的研究空间。

　　在本园的音乐课程资源的基础上，开发社区音乐课程资源可以丰富我园的音乐教学。我园将社区的音乐课程资源"请进来"，将梅沙社区特色音乐融入幼儿园课程，组织教师及音乐达人选取优秀音乐文化作为教学资源，以梅沙社区音乐文化资源为载体，以梅沙（盐田）文化园本课程体系为核心，探索有效教育途径，激发幼儿自身的创造力。在接受、吸收社区音乐课程资源的基础上，创造和更新社区音乐文化，进一步推进社区的音乐课程资源开发，为我园音乐教育改革创新积累力量。

　　2. 梅沙幼儿园社区音乐课程体系

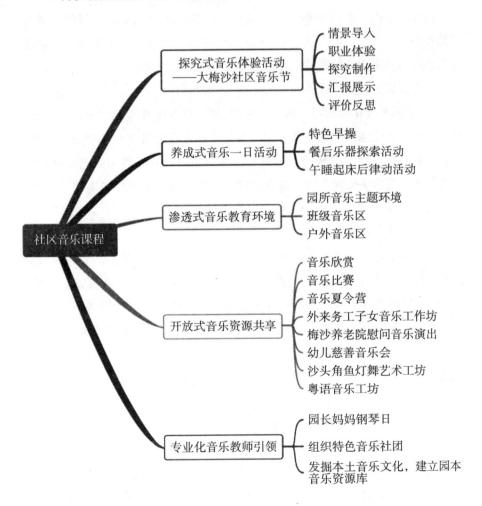

3. 梅沙幼儿园社区音乐课程实施路径

（1）探究式音乐体验活动

根据课程主题、课程目标以及幼儿学情特征，提供探究类、制造类、创造类、体验类音乐体验活动支持幼儿发展。引导幼儿进行科学探究，在探究过程中发现问题、分析问题、寻求方法、尝试解决问题。主张"做中学"，在探究的过程中习得知识技能以及解决问题的能力。引导幼儿制作音乐作品，在操作的过程中逐渐掌握知识技能与方法，并获得情感上的升华。通过开放性问题引导，激发幼儿兴趣，拓展幼儿的奇思妙想，给幼儿提供天马行空、自主创作的空间，开拓创新、拓展延伸，培养幼儿的创新思维与创造能力。体验特色音乐文化，以情景式教学激发幼儿的学习兴趣，提升其学习主动性。加强课程与现实生活的联系，鼓励幼儿参与社会互动。

（2）养成式音乐一日活动

《幼儿园教育指导纲要（试行）》《指南》以及中外课程理论成果，都明确了一日生活化课程的意义及价值。幼儿一日生活的每一个环节都具有教育价值，教师应从幼儿发展的实际出发，对一日生活的时间加以充分的利用。特色早操、餐后乐器探索活动以及午睡起床后律动活动贯彻了本园一日生活皆课程的宗旨。

（3）渗透式音乐教育环境

我园以幼儿发展为核心，围绕幼儿关键经验，从幼儿的兴趣和需要出发，为幼儿创设有准备的支持性环境。将古典音乐、民族音乐、儿童音乐巧妙结合的户外"音乐树"和教室内的音乐表演区成了幼儿主动学习的乐园。富有艺术气息的幼儿园大厅里，中西乐器巧妙结合，幼儿通过乐器了解世界文化。幼儿在多元的音乐环境中，不断拓宽国际视野，获得满足感、成功感、愉悦感。

（4）开放式音乐资源共享

拆解幼儿园、家庭与社会的围墙，构建共生共学的学习群落。以儿童为中心，教师、家长和社区合作构筑协同教育事业。在幼儿园内外构筑文化共同体，形成班级社群和幼儿园社群，建立与社区的协同联系，形成信息资源和能量的交互作用，使幼儿可以与其他人进行互动，获得反馈，相互学习。

一方面，整合地域文化优势，把一切可利用的社会音乐资源引入幼儿园，引进社区乐团、戏剧、舞蹈等课程，鼓励有乐器特长的家长和社区人员进园演奏，依托社区提供优秀的音乐资源，让幼儿在"家门口"参与、感受、体验高雅艺术。另一方面，积极有效整合资源，让社区成为幼儿体验社会的舞台，将音乐课程与社会实践、社区服务、参观考察、研学旅行等有效结合起来，正式学习与非正式学习融为一体，让幼儿获得更多的成长。

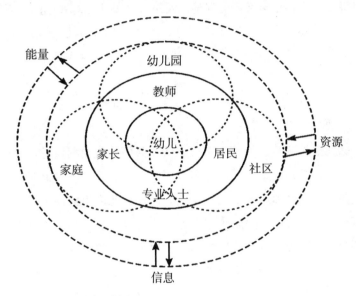

（5）专业化音乐教师引领

教师是课程目标及整个课程体系的直接实施者，教师的专业培养是课程实施的第一抓手。我园在师德师风、团队建设、教师艺术修养及课程推进等多个方面深入调研，分重点、有主次，在实践的过程中以点带面逐渐形成梯队培养。以建设园本教研为出发点，以幼儿主动探究学习为重点，努力提升教师专业化素养。

4. 项目式学习"大梅沙社区音乐节"课程背景

我园的目标是培养"健康阳光、机敏专注、乐群独立、崇美尚创"的现代儿童，这与 STEAM 课程总目标中注重培养儿童的动手创造能力、独立性和批判性思维能力、团队协作意识、多学科的知识重构以及创新实践能力的观点相呼应。为了充分挖掘和开发社区音乐课程资源，更好地发挥社区音乐教育的重要作用，我园以梅沙幼儿园为辐射中心，协同所在梅沙社区以及幼儿所在家庭联合开展社区音乐课程资源开发活动。幼儿园、家庭、社区三位一体，为幼儿的发展提供多元化的途径，以社区课程资源为手段提高幼儿对社区的认同感和归属感，使幼儿能够更好地了解社区，在社区中学习，并将所学运用于社区事务，增强对社会的认识和判断能力。举办大梅沙社区音乐节源于幼儿日常生活中对音乐的兴趣以及小班中班幼儿对音乐的一系列探索。在此基础上，将幼儿作为社区的一部分，跨越幼儿园与社区的界线，以项目式学习的方式开展"大梅沙社区音乐节"，让幼儿在社区生活中找到自己的音乐舞台。

（二）设计及框架

1. 设计思路

（1）幼儿园教研员、教师、家长、幼儿共同参与课程设计，以幼儿为原点，形成教研、教师、家长、幼儿多方联动，自下而上与自上而下相结合的多向生成路径。由教师观察幼儿的生活，发现幼儿产生的问题；也可以把幼儿通过观察生活自发产生的问题作为课程建构的起点，来生成真正的以幼儿为本的课程。教研员参与教师捕捉幼儿学习生长点的专业决策，在诊断幼儿现有发展水平的基础上，对课程的框架结构、项目式学习的生长点、课程评价等进行专业引领。

（2）本项目式学习具有迭代性，在准备阶段从幼儿园生活中快速寻找幼儿感兴趣的问题，依据幼儿需发展的核心能力，生成初步的设计架构，以活动设计为起点，辐射形成课程框架。同时项目式学习可一边开发一边实施，不断吸纳幼儿的反馈进行持续改进，在迭代中不断发展。

2. 课程推进线索——深度学习结构

本项目式学习基于布鲁姆（Benjamin Bloom）提出的教育目标六个层次，洛林·安德森（Lorin Anderson）提出新的深度学习六大层次，记忆、理解、应用、分析、评价、创造。创造作为教育目标的最高层次，具有最高的动力价值。以知识传递为取向的教育，关注的是浅层次的认知水平，即对知识的简单描述、记忆或复制。项目式学习则致力于培养 4C 能力，

"4C" 指的是创造性和革新能力（creativity and innovation）、思辨能力和问题解决能力（critical thinking and problem solving）、合作能力（collaboration）、沟通能力（communication）。以 4C 能力为核心的教育旨在培养创造性思考者。

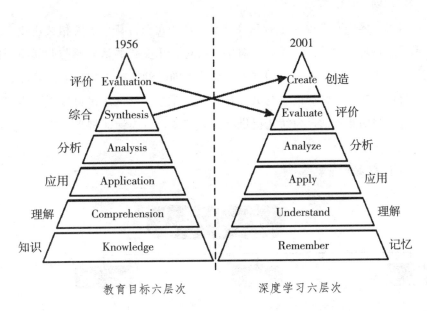

在项目式学习开展之初，以告家长、社区居民一封信的形式，介绍本次项目式学习开展背景及原因，希望得到他们的支持与鼓励，创建家长、教师、社区共生共学的学习群落。

（1）认识乐器

以乐器之美，引发幼儿对乐器的好奇及探索，通过引导幼儿成为乐器解说家，培养幼儿的语言表达能力及自信。以废旧材料原创设计为切入点，引导幼儿自己动手制作乐器，创作乐声。然后以"乐器展演 show"的方式，用独奏或合奏等多种方式演奏自己的乐器，最后幼儿间互相采访，表达感受。通过对学习过程的记录、自评以及同伴评价，促进幼儿自我反思，构建有能力、自信的学习者形象。

（2）神奇的鼓

根据幼儿生发的问题，进行计划制订、问题调查、资料搜索、多途径探究以及成果分享汇报。展开对鼓的深度探究，小组头脑风暴，讨论鼓的组成结构，探索鼓皮、鼓身的材料，设计图纸，制作属于自己的鼓，促使幼儿动手探究。再通过讨论、设计、验证、调整等方法解决操作过程中的一个个问题，提高幼儿的综合能力。

（3）创意音乐节

首先集体探究本地特色音乐文化——沙头角鱼灯舞，了解相关历史、表演形式、音乐内涵等，增强幼儿对本土特色音乐文化的认同感与归属感。幼儿作为小小演奏家，丰富和加强表演形式。同时幼儿制作特色邀请函和音乐节节目单，邀请社区居民参与大梅沙社区音乐节。社区居民可线上、线下同步参与，与幼儿互动，为幼儿提供社区表演舞台，为社区带来新鲜的音乐特色文化。

3. 课程实施框架

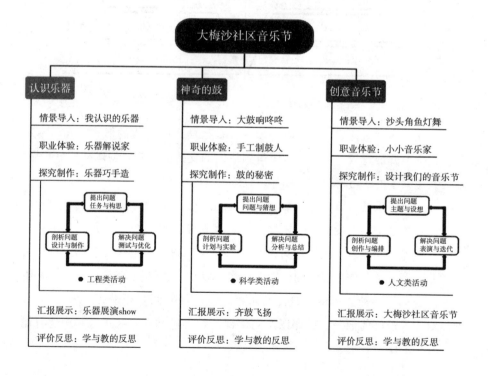

项目实施

一、项目实施过程

（一）认识乐器

1. 情景导入——我认识的乐器

首先，幼儿通过视频欣赏各种乐器演奏，初步感受音乐。幼儿对不同乐器的音色产生兴趣，展开了热烈的讨论。

幼儿A：为什么这些乐器发出来的声音听起来不一样呢？

幼儿B：对呀，有些听起来细细的，有些粗粗的，有些软软的。

幼儿A：你听，还有的听起来让我想摇头、跳舞。

老师：不同乐器演奏出的声音会有不一样的听觉效果，让人产生不同的心理感受。

幼儿C：我们去试试不同的乐器，听听它们会发出什么样的声音吧。

幼儿利用互动图谱敲击乐器

幼儿探索拇指琴

幼儿探索打击乐器

小组合作演奏手摇铃

2. 职业体验——乐器解说家

幼儿探索不同乐器，了解了当我们听到小提琴优美的旋律时，我们的身体会不自觉地感受到音乐带给我们的舒畅；当我们听到架子鼓的"动次打次"的节奏时，身体也想跟着一起摇摆。于是幼儿纷纷介绍起自己喜欢的乐器，当起了乐器解说家。

3. 探究制作——乐器巧手造

幼儿在探索中了解了乐器的结构、演奏方式，于是决定动手制作乐器。他们开始了分工合作，有的画设计稿，有的剪，有的粘贴，有的试音。幼儿分享制作乐器的过程及经验：用了什么材料？怎样制作出来的？如何演奏？

幼儿 C：做排箫，我们需要吸管、剪刀、双面胶。

幼儿讲解吉他　　　　　　　　　　幼儿讲解月琴

幼儿 D：那我来找吸管吧。

幼儿 E：我还要做吉他。

幼儿 F：我要做二胡。

接着，幼儿开始用收集的废旧材料制作各种乐器。

幼儿乐器作品展示

4. 汇报展示——乐器展演 show

幼儿在音乐厅进行演出，他们换上精美的服饰，手拿乐器，在大班组共同布置好的场地里，尽情展示自己，与音乐完美融合。在幼儿的努力下展演顺利进行。

乐器展演 show

5. 评价反思

我们可以利用自己对乐器的了解，结合各种资料引导幼儿对乐器产生兴趣，认识乐器的种类和制作材料。经过深入的探究，幼儿对乐器的制作也很喜欢，这能够锻炼幼儿的想象力和动手能力，从而使幼儿对乐器产生更大的热情。

在探究活动中，幼儿积极了解和实验，萌生了许多的想法，提出了许多不同的问题来与老师和伙伴交流与探索。这次展示中，每一笔、每一点、每一个材料，都蕴含着小作者的辛勤汗水。我们也由衷地希望通过这样一个交流的平台，让幼儿自信勇敢地表达自己的想法、展示自己的作品。我们深信，这次展览将在每个孩子的成长历程中留下弥久不退的快乐记忆。

（二）神奇的鼓

1. 情景导入——大鼓响咚咚

随着对乐器认识的不断深入，户外游戏时，几个幼儿围在一起讨论："为什么大部分鼓都是圆形的？为什么不同的鼓敲出来的声音不一样？为什么鼓皮敲的时候不容易破？……我们一起去问问老师吧！"兴趣是最好的老师，面对幼儿抛出的问题，要引导他们寻找问题的根源，于是围绕幼儿的疑问，我们开展了"鼓"的深度探究之旅。

幼儿对打击乐器——鼓产生好奇

2. 职业体验——手工制鼓人

幼儿 A：圆形的鼓声音是不是更大呢？不过圆形更好看！

幼儿 B：因为鼓皮是塑料的。

幼儿 C：应该是鼓皮很厚，所以敲不破！

幼儿从不同的途径了解到鼓的种类多种多样，不过每一种鼓都是由鼓身、鼓面和鼓槌三部分组成的。

可以用哪些材料制作鼓呢？

幼儿 D：我们可以用奶粉罐做鼓身。

幼儿 E：牛皮纸滑滑的可以做鼓皮。

幼儿根据自己的想法，寻找各种材料。

幼儿了解鼓的结构

3．探究制作——鼓的秘密

经过一番思考，幼儿开始设计图纸并制作。可制作的过程中，不是鼓面粘不上、鼓身太小了，就是鼓皮太松，做好后敲不出声音。第一次制作，各种问题频频出现，大家都以失败告终。"老师，我们为什么会失败呢？"一个幼儿发出疑问。"来，你来感受鼓的发声。"老师回答。

幼儿把手放在鼓皮上，感受鼓皮的震动。"摸一摸鼓面的松紧是怎样的。将水放在鼓面上，敲打时又会有什么变化呢？"

孩子们惊讶地发现，水居然随着敲击力量的不同出现了不同的波纹。

幼儿绘制设计图

幼儿设计图展示

于是我们开始在书本中、在网络里寻找答案，并进行了实验。分析与总结后，大家又设计出了第二份设计图。从这份设计图上，我们看到了幼儿对工具的使用，如尺、胶带、双面胶等。

幼儿完成第二份设计图

幼儿用手工鼓表演

幼儿再次尝试做鼓面，有的选择了结实的牛皮纸，有的选择了宽胶带，还有的用了保鲜膜。他们学会了在鼓身上量大小，还在鼓身的周围又缠了一圈胶带，固定鼓面。经过不断地更换材料，反复验证，最终取得了成功。大家终于拥有了自己的鼓。

4. 汇报展示——齐鼓飞扬

幼儿对鼓有了更深刻的了解，编排了关于鼓的节目，在幼儿园进行展示。

幼儿表演鼓的节目

5. 评价反思

基于学的反思：

幼儿通过科学类的探究制作活动，不仅了解了鼓的形状、材质和功能，还在动手制作的过程中获得了技能的发展。

基于教的反思：

教师利用科学类活动框架——问题与猜想、计划与实验、分析与总结三个部分，沿着提出问题、剖析问题、解决问题的思路，帮助幼儿获得经验，让幼儿通过动手制作鼓，获得自信。

（三）创意音乐节

1. 情景导入——沙头角鱼灯舞

以非物质文化遗产——沙头角鱼灯舞为背景，结合鱼灯舞的情节、场景变化，让幼儿感受鱼灯舞中不同姿势、不同表情的表现形式，并通过鱼灯舞表演爱上传统艺术。

幼儿体验沙头角鱼灯舞

2. 职业体验——小小音乐家

孩子们来到舞台上，都要当小小音乐家。

幼儿A：在艺术拓展课上我学习了尤克里里，是这样弹的。

幼儿B：我是小小钢琴家，弹一首《小星星》吧。

幼儿E：我喜欢拍非洲鼓，咚咚咚，很有节奏感。

幼儿F：我来当指挥家，你们要跟着我的指挥进行演奏，预备，起。

幼儿演奏钢琴

幼儿演奏尤克里里

3. 探究制作——设计我们的音乐节

幼儿了解了音乐节的整个流程，知道了举办一场音乐会需要准备门票、签名墙、汇报展门楼、乐器宣传板，还需要音乐、摄像、礼仪、检票人员等。他们不仅想到了设计音乐节专属门票，还在老师的帮助下确定了表演节目单，积极排练需要登台展示的节目。

幼儿设计门票　　　　　　　小小检票员检票

　　幼儿还想到在幼儿园举办音乐会须征得园长妈妈的同意，于是设计了一张申请书，并邀请幼儿园的所有老师和社区的叔叔阿姨一起观看表演。

　　4. 汇报展示——大梅沙社区音乐节

　　通过前期的准备以及对舞台的了解，幼儿和老师一起布置舞台。他们将自己的表演方式和演奏技巧展现给大家，每名幼儿各司其职，每个节目都有一个带队的孩子，整场音乐节有条不紊地进行。

幼儿自制的申请书　　　　　邀请园长妈妈和社区叔叔阿姨

古筝名曲《茉莉花》　　　　架子鼓街舞串烧《听妈妈的话》

乐器走秀《美》　　　　　非洲鼓表演《A RAM SAM SAM》

5. 评价反思

在整个主题活动中，我们善于抓住幼儿兴趣点，提供丰富的材料和活动场地，使幼儿充分投入探究性活动。在引导的过程中教法得当，幼儿积极参与，并能自主解决活动过程中生发的问题。

我们关注过程性评价，使用幼儿调查表和观察记录，记录活动前后幼儿的成长，并且将区域环境设置、幼儿作品评价、养成式音乐教育渗透进学习过程。

最后，我们利用家长和社区资源，将音乐课程与社区资源有效结合起来，正式学习与非正式学习融为一体，有助于幼儿获取更多的社会信息。

二、幼儿作品及评价

项目	作品	发展脉络	评价
认识乐器		通过了解西洋乐器和民族传统乐器的结构、演奏方式，探究乐器的声音，了解乐器的制作过程，共同演奏乐器	利用大厅的各种不同乐器帮助幼儿认识乐器、自制乐器，提高幼儿创新和动手能力

（续表）

项目	作品	发展脉络	评价
神奇的鼓		通过对鼓皮的材质和鼓形态的探究，动手制作鼓，感受鼓的声音和演奏方式	通过查阅资料、询问成人、亲手制作设计图纸等过程，体验手工制鼓人的工作内容，在增强文化底蕴的同时，感受动手动脑的乐趣

（续表）

项目	作品	发展脉络	评价
创意音乐节		通过大梅沙社区音乐节，初步正确地掌握所选乐器的演奏方法，伴随舞蹈、唱歌等艺术形式共同呈现创意汇报展	幼儿通过自己设计音乐节的流程，掌握举办音乐节的基本方法，在舞台上展示自我，感受音乐魅力，热爱美好生活

三、项目评价

评价是项目式学习的重要组成部分，为项目式学习的有效开展提供有力保障。在此次项目式学习开展过程中，我们将过程性评价和总结性评价相结合，形成全面的评价工具，将幼儿的表现外显为可操作的评价指标，从而对项目式学习中的活动、教师和幼儿的表现进行全面评价。

（一）评价方式

评价过程中采用多元化的评价方式，以"师—幼""幼—幼""家—园"的形式开展，将评价嵌入教学过程，即时评价和了解幼儿的学习情况。项目式学习赋予了幼儿学习自主权，因此在内容生成阶段，就要让幼儿参与讨论评价量规的设计，让他们能够把握自己的学习进程，并参与评价自己的学习与同伴的学习。同时，家长、社区居民和专业人士同样可以参与评价，为幼儿的学习提供反馈和指导。

（二）多元的评价手段

1. 过程性评价

（1）聚焦活动问题，为幼儿提供多维学习支架，引导幼儿在探究中实践、体验、记录，在体验、交流、反思中进行迭代，解决幼儿音乐方面真实的问题。

（2）成长档案：建立幼儿成长档案袋，将幼儿的成长用照片、图画的形式记录下来，收集幼儿平时在音乐活动中的表现情况和活动成果，重在纵向追踪幼儿的成长。这些成果包括幼儿平时的作品，这是评价幼儿进步过程及其最终发展水平的综合性评价方式。

（3）调查问卷、记录表、采访表：借助幼儿自评、同伴评价的形式对幼儿个人学习和参与团队任务时的表现进行分析，包括对幼儿个体、个别问题的评价，还包括对某个幼儿群体、幼儿某一共性问题的评价。

2. 总结性评价

三方家长会：三方家长会作为一种独特的评价方式，其目的不在于展现幼儿的"好"与"差"，而在于提供一个幼儿自主评价和多方评价相结合的机会，对于幼儿所学所吸收的东西，通过分享的方式，让幼儿、教师和家长共同评估幼儿的成长关键点，哪些方面还需要加强和提升也会被真实地展现出来。因此，在三方家长会的整个开展过程中，教师和家长都要留心和记录幼儿体现出来的一些关键信息，从而更好地把握幼儿下一步成长的针对性发展指导策略和工作重点。

四、项目反思

（一）项目亮点

1. 运用幼儿园项目式学习框架开展活动

盐田区教科院研发的幼儿园项目式学习活动框架为幼儿园教师开展项目式学习提供了一个高质量的抓手，在活动开展的过程中，教师在倾听幼儿、引导幼儿上有了明确的方法和方向。活动按七大核心步骤有序开展，多元化、多领域，班级开展的活动也更加全面。

2. 幼儿园调整时间、空间支持幼儿项目式学习

在幼儿园已有艺术环境的前提下，我们新添了尤克里里艺术拓展活动及全园自选日中的乐器探索和音乐小舞台环节，将室内户外一体化，确保资源丰富，幼儿有充分的材料进行探索。在每个学习时间段以及公共区域都能确保幼儿有序进行项目式学习。

（二）让音乐成为孩子的一种生活方式

艺术教育是学校实施美育的主要内容和途径，也是加强社会主义精神文明建设，潜移默化地提高学生道德水准、陶冶高尚的情操、促进智力和身心健康发展的有力手段。艺术教育作为我园教育的重要组成部分，具有其他学科教育无法替代的特殊作用，能促进儿童在认知、情感、个性及社会性等方面的协调发展。创新探索幼儿音乐教育发展之路，寻找内生动力尤为重要。通过项目式学习，可以培养幼儿的艺术综合素养，激发孩子对音乐的探索。我园依据《幼儿园教育指导纲要（试行）》和《指南》，结合我园"健康阳光、机敏专注、乐群独立、崇美尚创"的培养目标，提出"让音乐成为孩子的生活方式，在体验中感受，在感受中创造，实现全面、和谐和富有个性发展"的宗旨。我们以幼儿兴趣为主，结合我园优质的音乐师资以及周边社区丰富的资源，为幼儿提供展示艺术才华的舞台。紧扣驱动性问题，用 MECE 法则（Mutually Exclnsive Collectirely Exhanstive，即"相互独立，完全穷尽"）进行逻辑拆解，跟随幼儿园项目式学习五个流程导向，深入探究这场艺术之旅。

（三）项目优化

1. 基于学的优化

在活动评价方面，丰富评价形式，利用相关量表进行评价。积极推进家园共同评价，让家长参与到幼儿的评价、教师的评价、课程的评价中来。

2. 基于教的优化

（1）开发课程资源

在活动过程中，幼儿园可以开发利用家长资源、社区资源，带幼儿走出

校园，到生活中寻找乐器，感受乐器。学习离不开生活，项目式学习要基于生活。

（2）拓展教学内容

在活动后续延伸部分，幼儿可以尝试探索不同国家的音乐节，了解不同的民族文化，感受不同的音乐氛围，拓展国际视野。

附　录

附录 1：音乐哆唻咪主题（乐器）调研表

音乐哆唻咪主题（乐器）调研表			班级：　　　　姓名：
你认识什么乐器？	它是什么材质的？	它是什么类型的乐器？	它是怎么发出声音的？
它的声音有什么特点？	听到它的声音你想到了什么？		你要怎么把这个乐器介绍给小朋友？

【操作说明】请小朋友把想知道的问题和通过调查了解到的东西画在方框里，请爸爸妈妈协助孩子用文字表述，填写在下方的小方框处。

附录 2：参加音乐会注意事项（调研表）

班级＿＿＿＿＿＿　　姓名＿＿＿＿＿＿

1. 参加音乐会时怎样做一个文明的观众？	2. 参加音乐会需要穿什么衣服？	3. 听别人演奏时我们应该遵守什么秩序？	4. 参加音乐会时我会做到的事	5. 关于音乐会我想知道的问题

附录 3："奇妙的声音"记录表

班级_____ 姓名_____

自然界的声音	我喜欢的声音	我不喜欢的声音

附录 4："我与乐器之旅"记录表 1

班级_____ 姓名_____

你知道的乐器有哪些？请你用绘画的形式记录下来

附录5:"我与乐器之旅"记录表2

班级_____ 姓名_____

你最喜欢什么乐器? 请你将它画下来	它是怎么制作出来的? 请将制作流程用绘画的形式记录下来	它是怎么演奏的? 幼儿描述,家长记录

附录6: 我理想中的音乐节

班级_____ 姓名_____

亲爱的小朋友们:经过了这段时间的探索和感受,相信你对音乐有了更多的了解,马上就要开展音乐节活动了,你一定有许多创意吧? 请把你心中的音乐节用绘画的形式画出来,并把自己的想法跟老师、小伙伴一起分享,设计属于我们的音乐节吧!